Julia Hoffmann
Natalie Sontopski

We Love Code!

Das kleine 101
des Programmierens

Koehler & Amelang
Leipzig

Koehler & Amelang GmbH, Leipzig
www.koehler-amelang.de

ISBN 978-3-7338-0404-6

Bibliografische Information
der Deutschen Nationalbibliothek

Die Deutsche Nationalbibliothek verzeichnet
diese Publikation in der Deutschen Nationalbibliografie;
detaillierte bibliografische Daten sind im Internet über
http://dnb.dnb.de abrufbar.

Umschlaggestaltung: Jonas Pietsch
Lektorat: Annika Bach
Herstellung: Sabine Artner
Illustrationen, Layout und Satz: Jonas Pietsch
www.jonaspietsch.net

Druck und Bindung: Print Consult GmbH, München

Printed in Europe

Inhalt

EINLEITUNG

<h1>Hello World!</h1>

SOMMER 2012, BERLIN, FLUGHAFEN TEMPELHOF. Es war heiß, als wir das Hauptgebäude des stillgelegten Flughafens betraten. Natalie hatte bei dem Gewinnspiel eines internationalen Telekommunikationsunternehmens zwei Tickets für das hier stattfindende Technologiefestival »Campus Party« gewonnen. Gesegnet mit ein paar freien Wochen und mit Lust auf einen spontanen Berlinbesuch hatten wir uns auf den Weg in die Hauptstadt gemacht. Die Idee, dass wir drei Jahre später ein Einführungsbuch über das Programmieren und Coden schreiben würden, hätte zu diesem Zeitpunkt nur für skeptisch hochgezogene Augenbrauen gesorgt. Schon bei unserer Ankunft auf dem Festival bestätigten sich alle Klischees, die wir über Programmierer und die Tech-Welt gesammelt hatten: Schlagzeug spielende Roboter, Menschen, die ihren Desktop-PC von zuhause mitgebracht hatten, um neben ihm zu übernachten und jede Menge Club Mate-Flaschen sowie ungesundes Essen dominierten das Gesamtbild. Dazwischen standen ein paar Vertreter aufstrebender Start-ups in schicker Business-Kleidung. Natalie hatte zwar damals schon einen Blog und sich mit *HTML* zur

7

Verschönerung des eigenen digitalen Zuhauses auseinanderge-
setzt und Julia konnte erste Erfahrungen bei der Lernplattform
Codecademy vorweisen, im Großen und Ganzen waren Programmiersprachen, Scripts und Codes für uns jedoch böhmische Dörfer.
Da wir der sozial- und geisteswissenschaftlichen Zunft angehören,
waren wir bisher weder während des Studiums, noch im Umfeld
unserer Jobs mit den kryptischen Zeichen in Berührung gekommen
und auch unser Umfeld widmete sich eher anderen schöngeistigen
Tätigkeiten. Wir besuchten deshalb zunächst ohne große Erwartungen die Vorträge und Workshops. Doch dann passierte das
Unerwartete: Die Mischung aus ausgefeilter Rhetorik amerikanischer
Prägung mancher Sprecher, motivierender Einzelfallbeispiele (»Zur
Ruby on Rails-Entwicklerin in sechs Monaten!«) und Girl Power
in Form der *Rails Girls* hinterließ bleibenden Eindruck und wir
beschlossen eine eigene Lerngruppe in unserer Heimatstadt Leipzig
zu gründen – die *Code Girls*. Seit 2013 veranstalten wir (unterstützt
von unserem Coach Lucas) jeden zweiten Dienstag Workshops für
Programmieranfängerinnen. Wir organisieren *Rails Girls*-Wochen-
enden und laden regelmäßig Programmierer ein, Einblicke in ihren
Berufsalltag zu geben. Ergänzt werden diese Programmpunkte,
je nach Interesse der Teilnehmerinnen, durch Praxisprojekte.
Wir entwerfen und bauen beispielsweise Websites und stellen sie
online.

Einige Workshops, unzählige Flyer und *Facebook*-Likes später
sitzen wir nun zusammen in Natalies Wohnzimmer, lassen die
vergangenen drei Jahre Revue passieren und stellen uns die Fragen,
die so häufig von Freunden, Kollegen und inzwischen sogar auch
schon von Journalisten gestellt werden: Warum machen wir das
und warum sollten eigentlich alle einen Blick in die weite und
abstrakte Welt des Programmierens werfen?

Leben in der digitalen Welt

Ob es uns gefällt oder nicht – Codes durchdringen unser Leben und die Trennung zwischen digitaler und analoger Welt verschwimmt zusehends. Es gibt kaum noch Bereiche, die ohne *Computer* funktionieren: Morgens weckt uns der eingebaute Wecker im Smartphone, wir kaufen uns am Automaten, der mit einem *Windows-Betriebssystem* ausgestattet ist, eine Fahrkarte für die Straßenbahn, arbeiten mit *Excel* und bleiben über Email mit der Familie, den Freunden und den Kollegen in Kontakt. In der Freizeit informieren wir uns online über das aktuelle Kinoprogramm, tauschen uns mit Freunden per *Facebook* über Wochenendpläne aus und bestellen Pizza per Mausklick. Ein großer Teil des Alltags ist mittlerweile medienbasiert. Aber weiß jemand, wie diese Programme, Websites und Smartphone-Apps, die wir alle täglich nutzen, eigentlich hinter der Bedienoberfläche funktionieren?

Im Gegensatz zu Themengebieten wie Geografie, Physik oder Fremdsprachen werden Code- und Programmierkenntnisse nur ansatzweise in deutschen Schulen vermittelt. Hoffentlich hat sich seit unserer Schulzeit etwas geändert, aber unser Informatikunterricht bestand damals aus dem Entwerfen von Flyern in *Word*, einer trockenen Geschichte des Computers und vielleicht aus ein paar Brocken des Programmier-Oldtimers *Turbopascal*. So haben wir die Schule als Code-Analphabeten verlassen, da wir nicht zu der Gruppe aus leidenschaftlichen Computer-Tüftlern gehörten, die damals ein bisschen obskur wirkten und heute wahrscheinlich das Dreifache unseres Gehalts verdienen.

Genauso wenig wie sich jeder an binomischen Formeln oder Gedichtinterpretationen erfreuen kann, entfacht das Programmieren allgemeine Begeisterungsstürme. Muss es auch gar nicht. Aber die

Kenntnisse, die wir in Mathematik, Deutsch und allen anderen Schulfächern gewonnen haben, helfen uns, uns in der Welt zu orientieren und Zusammenhänge besser zu verstehen. Im glücklichsten Fall haben wir durch die Schule Leidenschaften entdeckt, von denen wir vorher gar nicht wussten. Ganz zurecht gibt es Diskussionen, ob das Unterrichten im Coden und Programmieren an Schulen einen größeren Stellenwert einnehmen sollte. Wir sind davon überzeugt, dass es wichtig wäre, wenn Grundlagen in »Code Literacy« vermittelt würden. Damit meinen wir die Fähigkeit, zumindest im Ansatz nachvollziehen zu können, wie Programmiersprachen aufgebaut sind. Genauso wie wir auch Fremdsprachen lernen müssen, um der mehr und mehr globalisierten Welt begegnen zu können, brauchen wir Grundkenntnisse des Programmierens, um unsere digitale Umgebung besser zu verstehen. Denn sonst besteht die Gefahr, dass bald eine digitale Kluft in der Gesellschaft entsteht: Eine Kluft zwischen denen, die nur bedienen können und denen, die verstehen, wie die Bedienung gebaut ist. Auch wenn Kinder und Jugendliche mit einem Smartphone in der Hand auf die Welt gekommen zu sein scheinen, ihre Kenntnisse der Technik werden von Erwachsenen oft überschätzt. Ein digitales Medium passiv als Konsument zu benutzen, macht niemanden automatisch zum Computerexperten.

Auch im Arbeitsleben nehmen Soft- und Hardware eine wachsende Bedeutung ein. Wer schon mal erlebt hat, was passiert, wenn ein Programmierer oder IT-Systemadministrator in einem Büro ausfällt, weiß, über welche zentrale Stellung und damit auch Macht das Tech-Personal verfügt. Im modernen Start-up-Sektor, der vor allem in Großstädten zu finden ist, gehören Programmier- oder zumindest *HTML*-Erfahrungen und Internetaffinität zu denselben Grundvoraussetzungen wie die Teamfähigkeit. Doch inzwischen werden auch in ganz anderen Berufen, wie beispielsweise im Marketingbereich oder im Vertrieb Grundkenntnisse von Programmiersprachen oder zumindest *HTML*-Erfahrung erwartet.

Code Literacy ermöglicht neben beruflichen Perspektiven vor allem die Chance, die digitale Welt mitzugestalten, in der wir uns alle bewegen. Die Ursprünge des Internets basieren auf dem Grundgedanken, dass die Quelltexte von allen Websites einsehbar und adaptierbar sind, also prinzipiell jeder seine Ideen im Internet verwirklichen kann – sofern natürlich rechtliche Grundlagen beachtet werden. Doch auch wenn die Ideen der freien und gleichberechtigten Gestaltung des Digitalen anfangs im Mittelpunkt stand, haben in der Zwischenzeit bekanntermaßen Konzerne wie *Google*, *Yahoo* und *Facebook* das Wesen des Internets nachhaltig verändert. Selbst die Einschränkung der Netzneutralität, also die diskriminierungsfreie Gleichbehandlung von Daten bei der Übertragung, ist kein undenkbarer Schritt in der nahen Zukunft mehr. Die Telekommunikationsanbieter haben schon erste Konzepte vorgestellt, wie Internetzugänge unterschiedlicher Qualität umgesetzt werden könnten.

Lest dieses Buch!

Wenn Ihr Euch darauf einlasst, Euch mit diesem Buch ein Grundverständnis von Programmiersprachen anzulesen, dann könntet Ihr die Architekten Eures eigenen digitalen Zuhauses werden. Vielleicht könnt Ihr als einzelne Personen zu Beginn keine digitale Stadt bauen, aber Ihr könntet ein bescheidenes Haus errichten. Das Eintauchen in die Thematik Code kann dazu beitragen, sich in einer unbekannten Nachbarschaft wohler zu fühlen, neue Straßen zu erkunden, Nachbarn kennenzulernen oder vielleicht auch ein Graffiti zu sprühen.

Neben allen negativen Assoziationen zum Programmieren, wie Datenspionage, Kreditkartenbetrug oder Hackerattacken, dürfen wir nicht vergessen, dass Programmieren und Coden prädestiniert dafür sind, kreativ zu werden und eigene kleine Projekte zu gestalten. Vielleicht möchtet Ihr eine Vereinsseite für Euren Sportclub gestalten? Vielleicht habt Ihr Lust, Eure Gedanken in einem Blog zu teilen? Oder vielleicht möchtet Ihr irgendwann eine Website wie das Tierstimmenarchiv des Berliner Naturkundemuseums konzipieren, die Aufnahmen von Tierstimmen allgemein zugänglich zur Verfügung stellt? Vielleicht interessiert Euch auch einfach, Wie das Innenleben Eures Computers aussieht, was diese Hacker eigentlich wollen oder wie und wo Ihr Programmieren am besten ausprobieren könnt? Dann ist diese kleine Einführung in das Programmieren für Nicht-Programmierer das richtige Buch für Euch.

Was Euch erwartet

Dieses Buch enthält nicht unsere Memoiren, es ist kein Lehrbuch und auch keine wissenschaftliche Abhandlung zur Entstehung des Codes. Es ist vielmehr unser Reiseführer durch die Welt des Programmierens. Das heißt, wir stellen vor, was für uns die wichtigsten Begriffe, Konzepte und Geschichten des Programmierens sind. Zunächst lernen wir, was Programmieren überhaupt ist, wo es abläuft und wer sich in der Geschichte dieses noch relativ jungen technischen Feldes verdient gemacht hat. Dann erforschen wir mit unserem Psychotest »Welcher Programmiersprachen-Typ bist du?«, welche Sprache am besten zu welchem Temperament passen würde. Danach erkunden wir das geheime Leben der Hacker. Wo treiben sie sich herum, warum knacken sie fremden Code, sind sie Helden, Antihelden oder sogar Schwerverbrecher? Das darauffolgende

Kapitel rückt den Datenschutz in den Fokus. Das Thema hat in Euren Augen vielleicht nur am Rande mit Programmieren zu tun, wir zeigen Euch aber, wie Ihr mit ein paar kleinen Programmiertricks Eure Daten sichern könnt. Denn das Thema nimmt ja einen zentralen Stellenwert in der Medienberichterstattung ein und sorgt spätestens seit den Enthüllungen des Whistleblowers Edward Snowden über die NSA für Verunsicherung und Diskussionen um die Freiheit des Internets und die Sicherheit persönlicher Daten eines jeden.

Nach diesen Ausführungen habt Ihr hoffentlich Lust, Euch selbst ins kalte Wasser zu wagen und die ersten Zeilen Code zu schreiben. Wir helfen Euch dabei, indem wir lohnenswerte Einführungskurse empfehlen, aus unserer Erfahrung berichten, wie man einen Workshop organisieren kann und Tipps geben, wie man auf dem Weg zum Amateur-Hacker die Motivation behält.

Als Inspiration stellen wir im Verlauf des Buches Pioniere des Programmierens vor und zeigen, dass viele einflussreiche Techies gar nicht dem heutigen Stereotyp des langhaarigen, bebrillten und etwas soziophoben Computernerds entsprachen und entsprechen. Und zum Verschnaufen gibt es noch ein paar Fun Facts dazu, mit denen Ihr den Small Talk jeder Party beleben werdet. Für ein wenig fundiertere Gespräche empfehlen wir Euch einen Blick in unseren Anhang »Speak Geek«, damit Ihr bald mit den IT-Experten über *Assembler* und *Bugs* fachsimpeln könnt. Da wir in unserem »Kleinen 101 des Programmierens« niemals alle Aspekte dieses Themas abdecken können, konzentrieren wir uns vor allem auf die Programmiersprachen, die im Internet eine wichtige Rolle spielen und leicht zugänglich sind. Zum Schluss verraten wir Euch, welche Links und Bücher uns begeistert und bei der Recherche geholfen haben. Damit habt Ihr noch viele Anregungen, die über diesen

Leitfaden hinausgehen. Ihr werdet nach der Lektüre wahrscheinlich keine Star-Programmierer sein, aber wir hoffen, dass wir die Neugier für die Welt der *Bits* und *Bytes* wecken und mit ein paar Stereotypen und Klischees aufräumen können. Am Ende des Buches habt Ihr vielleicht sogar Lust, ein wenig digital zu basteln, kreativ zu werden und die schönen Seiten der digitalen weltweiten Gemeinschaft zu entdecken. Code ist ein Handwerk, das erlernt werden muss und Programmiersprachen müssen genauso gepaukt werden wie jede andere natürliche Sprache. Manchen wird es leichter als anderen fallen. Wenn man jedoch ein bisschen Zeit investiert, entdeckt man schnell die Schönheit, die dem Code innewohnt.

WAS IST PROGRAMMIEREN?

Code is all around us

Elliot Alderson *steht die Anspannung ins Gesicht geschrieben, als er, von zwei schweren Jungs bewacht, vor der schier unlösbaren Aufgabe sitzt, sich in die Software eines New Yorker Gefängnisses zu hacken. Nur noch wenige Stunden hat er Zeit, um mit Hilfe seiner Programmierfähigkeit den Chef eines Drogensyndikats aus seiner Zelle zu befreien und im Gegenzug die Freilassung seiner Nachbarin Shayla zu bewirken. Eine grausame und schier unlösbare Aufgabe, die Elliot zur Verzweiflung bringt. Der Countdown läuft. Doch dann passiert das Unerwartete: Er hat einen Weg gefunden. Elliots konzentriert verengte Augen kleben an dem Computerbildschirm, seine Finger bewegen sich klavierspielergleich über die Tasten und kryptische Zeilen fliegen über den schwarzen Bildschirm. Binnen Minuten wird die Software des Hochsicherheitsgefängnisses infiltriert und der Drogenboss befreit. Hinterher werden keine Spuren darauf hindeuten, dass der schmale, etwas ungesund wirkende junge Mann für den Angriff auf das US-amerikanische Justizsystem verantwortlich war.*

Szenen wie diese aus der sehr guten Hacker-Serie »Mr. Robot« lassen das Programmieren wie Magie wirken. Programmierer klimpern einige Minuten hektisch auf der Tastatur und schon ist ein weiteres dringendes Problem gelöst, eine Wunderwaffe im Kampf gegen das Verbrechen geschrieben oder ein *Server* geknackt. Es gibt nur einen Haken an der Sache: Das stimmt so nicht. Programmieren besteht viel mehr aus jeder Menge Vorbereitung, Recherche, stundenlangem auf den Bildschirm Starren und Überlegen, was zur Hölle da jetzt bitte schiefgelaufen ist. Es besteht aus Geistesblitzen, die nicht funktionieren und einem Schuss »Copy und Paste«. Und ganz am Ende dieses mühsamen Prozesses hat man ein Programm, das funktioniert – bis es nicht mehr funktioniert, weil irgendwo ein Fehler übersehen wurde.

What's Code got to do with it?

Programmierer sind also keine Zauberer, aber das bedeutet nicht, dass sie nicht unglaublich coole Dinge erschaffen. Sie regieren zwar nicht die Welt, aber sie bauen die Werkzeuge, die helfen die Welt am Laufen zu halten. Denn Code brauchen wir längst nicht mehr nur für Computer. Im »Internet of Things« wird alles programmierbar: unser Auto, unsere Küche, der Fahrstuhl und unser Fernseher. Software sorgt dafür, dass wir uns auf dem Weg in den Urlaub nicht verirren, dass wir den Fernsehkanal wechseln können, Geld aus dem Automaten bekommen und dass der Aufzug uns sicher nach oben bringt und nicht abstürzt. Ohne Code gibt uns die Kasse im Supermarkt kein Wechselgeld zurück, gibt es keine Filme im Kino und keine Schnappschüsse aus dem Urlaub.

Aber was ist eigentlich Code? Eine simple Frage, deren Antwort gar nicht einfach ist. Zum Glück für uns hat Paul Ford die Frage in dem Artikel »What is Code?« hervorragend beantwortet. Er sagt, um Code zu verstehen, müssten wir erst einmal kapieren, wie ein Computer funktioniert. Also, ein Computer ist im Prinzip ein Taschenrechner. Oder besser gesagt, zunächst waren Computer menschliche Wesen aus Fleisch und Blut, nämlich angestellte Mathematiker, die zum Beispiel für die US-Armee ballistische Tabellen berechneten. Weil sie rechneten, hießen sie Computer (to compute something = etwas berechnen), also Rechner. Deswegen wurden dann lange Zeit auch die elektrischen Computer nur als überdimensionierte Rechengehilfen angesehen. Das Militär nutzte die elektrischen Computer zum Beispiel um Flugbahnen zu berechnen oder um Codes zu knacken. Sie kamen bei komplizierten Berechnungen zum Einsatz, die ein menschlicher Computer zwar leisten konnte, aber Wochen oder Jahre dafür gebraucht hätte. Ein Computer war also lange Zeit ein nützlicher Gegenstand, aber nicht unbedingt ein spaßiger Zeitvertreib. Das änderte sich erst mit dem Aufkommen der ersten Videospiele und vor allem mit dem World Wide Web in den 1980er und 1990er Jahren. Davor waren Computer so groß und so teuer, dass nur Unternehmen, das Militär oder Universitäten sich einen leisten konnten. Erst als die Personal Computer in den 1990er Jahren flächendeckend die Haushalte eroberten und kurz darauf das Internet kam, wurden diese Technologien in unserem Alltag verankert. Computer wurden nicht länger nur als Rechenhilfen genutzt, sondern auch um Spaß zu haben. Wir begannen Spiele auf dem Computer zu spielen, Filme zu schauen und Musik zu hören. Mit Code müssen wir uns dabei nicht auseinandersetzen, der ist hinter den leicht bedienbaren Benutzeroberflächen versteckt. Trotzdem: Wäre es nicht spannend zu wissen, was im Hintergrund passiert?

Zurück in die Zukunft

Als angehender Programmierer müsst Ihr Euch eigentlich nicht mit dem Innenleben Eures Computers beschäftigen. Ihr könntet auch Programmieren lernen, ohne zu wissen, was Eure Computer zum Ticken bringt und wie ihre einzelnen Teile heißen. Wir allerdings können Euch einen kleinen Hardware-Crash-Kurs nur ans Herz legen, denn Euer Computer ist Euer wichtigstes Werkzeug als Programmierer. Außerdem ist es ganz schön spannend, was unter der Haube eines Computers steckt und wie viele Einzelteile nötig sind, damit alles reibungslos funktioniert.

Wir benutzen Computer jeden Tag mehrere Male, allerdings haben wir nur verschwommene Vorstellungen von seiner Funktionsweise. Es reicht uns, auf den Startknopf zu drücken und sollte der Computer mal zicken, dann probieren wir Trick 17: Ausschalten und dann wieder einschalten. Ein bisschen Hintergrundwissen kann uns allen also nicht schaden. Zunächst einmal: Ein Computer muss nicht zwingend ein PC oder ein Laptop sein. Das ist nur *ein* Design, in dem sich uns Computer präsentieren. Ein Computer kann auch wie ein elektrisches Küchengerät oder eine Kamera aussehen. Rein theoretisch könnten wir einen Computer auch aus Gummibärchen bauen, nur wäre das unpraktisch und eine ziemlich klebrige Angelegenheit. So lange diese Geräte unsere Eingaben bearbeiten und in abgewandelter Form auch wieder ausgeben, erfüllen sie die Definition eines Computers.

Computer wurden zur maschinellen Berechnung von komplexen Vorgängen erfunden, für die ein Mensch ansonsten Jahre brauchen würde. Nicht-maschinelle Rechenmaschinen wie zum Beispiel den Abakus, ein mechanischer Rechenrahmen, gibt es schon seit mehreren tausenden Jahren. Aber erst 1703 erfand

Gottfried Wilhelm Leibniz das Dualsystem. Der Mensch hatte bislang mit zehn Zahlen gerechnet, nun kam die Revolution in Form eines unschuldig aussehenden Zahlensystems. Es bestand nur aus den beiden Zahlen 0 und 1. Zwar wusste es damals noch niemand, aber damit war die Grundlage für den modernen Computer gelegt. Es dauerte noch einmal 100 Jahre, bis 1805 jemand auf die Idee kam, eine Maschine mit einem Programm zu steuern. Der französische Erfinder und Webersohn Joseph-Marie Jacquard entwickelte einen Webstuhl, der mit Hilfe von Lochkarten darauf programmiert werden konnte, bestimmte Muster zu weben. Dazu stanzte er einfach dem Muster entsprechend Löcher in Papierkarten und voilà, das erste Computerprogramm war geboren. Ohne es zu wissen, hatte Jacquard die Soft- und Hardware einer Maschine getrennt, ganz so wie es heutzutage bei unseren Computern der Fall ist.

Der englische Mathematiker Charles Babbage baute 1822 dann endlich mit der »Differenzmaschine« eine mechanische Rechenmaschine, die komplexere Berechnungen meistern konnte. Und seine Mitarbeiterin Ada Lovelace schrieb für die leider niemals fertig gebaute »Analytical Engine« sogar das erste Programm. Sie gilt damit als erste Programmiererin der Welt.

Von nun an ging es Schlag auf Schlag: Der Deutsche Konrad Zuse baute während des Zweiten Weltkrieges den nach allgemeiner Auffassung ersten »richtigen« Computer, den Z3. Der 1941 gebaute Z3 gilt als erster funktionsfähiger Computer der Welt, wurde jedoch 1943 bei einem Bombenangriff zerstört. Mit dem Z3 wurde das Zeitalter der Großrechner eingeläutet. Zwar waren die Maschinen viel zu groß und umständlich für Privatpersonen und an Computerspiele wagte noch niemand zu denken, aber nichtsdestotrotz: Es waren Computer. Sie wurden aufgrund ihrer

Wuchtigkeit nur in Unternehmen, Hochschulen und beim Militär eingesetzt. Kein Wunder, wenn man sich die Dimensionen vor Augen führt: So wog der 1946 fertiggestellte nordamerikanische ENIAC (Electronic and Numerical Integrator and Computer) 27 Tonnen, war zehn Meter hoch und 17 Meter lang. Der Preis lag bei mehreren 100.000 Dollar.

In den 1970er Jahre zogen die Hippies mit Blumen in den Haaren gen San Francisco, der zukünftigen Spielwiese von Programmierern, und der Computer wurde kompakt und damit bürotauglich. *Hewlett Packard* stellte 1968 den ersten Personal Computer (PC) vor. Für ungefähr 20.000 D-Mark bekam man immerhin einen Bildschirm mit drei Zeilen. Es war also noch ein weiter Weg bis zu den heutigen eleganten und leichten Laptops.

Die wahre Blütezeit der PCs begann mit vollem Schwung auch erst in den 1980er Jahren, als mehr und mehr Haushalte sich einen Computer leisten konnten und als der Siegeszug der Computerspiele begann. Vielleicht erinnert Ihr Euch noch vage an die Personal Computer und Konsolen von *Amiga* und *Atari*, die schließlich von den *IBM*-PCs vom Markt gefegt wurden. In den 1980er Jahren begann die Industrie auch die Relevanz von Software zu realisieren, denn was nützt uns ein rechteckiger Blechkasten mit Bildschirm, wenn wir ihn nicht bedienen können? *Microsoft* erschuf mit *Windows* ein Betriebssystem, das unsere Vorstellungen von Computern und ihrer Bedienung entschieden prägte. 20 Jahre später, etwa ab der Jahrtausendwende, fingen Notebooks an, die im Vergleich unhandlichen PCs abzulösen und *Apple* begann an *Microsofts* Monopol zu rütteln. Seitdem wurden die Prozessoren zwar kontinuierlich kleiner und der Speicherplatz größer, am Prinzip eines Computers hat sich aber nichts mehr geändert.

ADA LOVELACE

*Programmierpionierin
und Lebedame*

10.12.1815
—
27.11.1852

Als Tochter des berühmten romantischen Poeten Lord Byron das Licht
der Welt zu erblicken und im viktorianischen Zeitalter aufzuwachsen, liest
sich vielleicht erst einmal nicht wie die Lebensdaten der ersten Programmiererin. Doch die junge Augusta Ada Byron King, Countess of Lovelace,
widmete sich bereits früh der Berechnung mathematischer Formeln und
vernachlässigte das Musizieren oder die Stickerei. Bald erhielt sie durch
einen Hauslehrer Lektionen in Mathematik und Astronomie. Diese sollten
ihren rationalen Geist anregen und die wankelmütige und hitzköpfige
geistige Erbschaft des Vaters minimieren. In der Tat fand Ada großen
Gefallen an den Lektionen und dem Anfertigen eigener Projekte wie dem
Entwurf von Flugmaschinen. Das Byron'sche Temperament schimmerte
dennoch hin und wieder durch, etwa als sie, gerade 18 geworden, eine
unziemliche Affäre mit ihrem Tutor einging. Doch ihre Leidenschaft konzen-
trierte sie zunehmend auf die Mathematik, die auch von ihrem späteren
Gatten, Baron William King, unterstützt wurde: zum Beispiel, indem er für
sie Artikel aus nur für Männer zugänglichen Bibliotheken abschrieb. Dem
Idealbild der viktorianischen Dame entsprach Ada dann zumindest mit der
Geburt ihrer drei Kinder.
 Über eine frühere Tutorin lernte Ada 1833 den Mathematiker und
Erfinder Charles Babbage kennen, der einen entscheidenden Einfluss auf
ihren Weg zur Programmierpionierin ausüben sollte. Durch ihn kam sie
das erste Mal mit einem Entwurf der mechanisch arbeitenden Differenz-

maschine in Kontakt, die Ada sofort faszinierte. Daraufhin entspann sich eine rege Korrespondenz zwischen Babbage und Ada, die darin gipfelte, dass Babbage ihr Angebot annahm, ihn als Assistentin beim Design der Rechenmaschine »Analytic Engine« zu unterstützen. Während die Differenzmaschine in ihren Berechnungen begrenzt war, konnte die Analytic Engine mit beliebigen Handlungsanweisungen, die heute als Algorithmen bekannt sind, programmiert werden. Zumindest theoretisch – denn aufgrund fehlender Mittel und persönlicher Unstimmigkeiten konnte die Analytic Engine (wie übrigens auch die Differenzmaschine) zu Lebzeiten Babbages nicht mehr produziert werden.

Ada Lovelaces Anteil an der Arbeit für diese Maschine ist beträchtlich. Sie übersetzte auf Babbages Bitte hin einen auf Französisch verfassten Artikel des Italieners Luigi Menabrea über die Maschine und versah diesen mit Anmerkungen, die sie schlicht mit »Notes« betitelte und die letztlich zweimal so lang wurden wie der ursprüngliche Artikel. Diese Notes ließen einen visionären Geist erkennen. Adas Einsicht, dass die Analytic Machine zur Verarbeitung von frei programmierbaren Algorithmen fähig wäre, war sehr weitsichtig. Ihre Berechnungen und Tabellen ergaben im strengen Sinne zwar noch keine Programmiersprache, doch erkannte sie als eine der ersten Wissenschaftlerinnen das Potenzial von Algorithmen. Sie entwickelte eine Zukunftsvision, die das Wirken von Computern nicht nur auf das Lösen mathematischer Gleichungen, sondern sogar auf die Erstellung von Musik oder die Verarbeitung von Bildern und Texten bezog.

Ada Lovelace starb bereits im Alter von 36 Jahren an einer Krebserkrankung. Das Byron'sche Temperament sollte im Laufe ihres Lebens immer wieder durchschimmern, so dass die dem Glücksspiel und Flirts nie abgeneigte Britin nicht nur als angesehene Mathematikerin, sondern auch als berüchtigte Lebedame der Londoner Gesellschaft in die Geschichte einging. Mehr als 100 Jahre nach ihrem Tod wurde eine Programmiersprache vom US-amerikanischen Verteidigungsministerium in Auftrag gegeben, die ihren Namen trägt und noch heute Verwendung findet. Ada Lovelaces Notizen waren zudem eine wichtige Inspiration für Alan Turing.

So tickt der Computer

Das Hirn des Computers ist und bleibt der Prozessor, auch bekannt als CPU (Central Processing Unit), der den Arbeitsablauf steuert. Wenn Ihr Euch einen Prozessor genauer anschaut, erinnern die verästelten Schalter ein bisschen an die leergefegten Straßen einer großen Metropole wie New York. So falsch ist der Gedanke nicht, denn im Grunde ist ein Prozessor eine große Stadt voller elektrischer Impulse, die durch die Straßen flitzen, um Daten zu transportieren.

Ein Prozessor besteht aus Millionen von mikroskopisch kleinen Schaltern, die ziemlich fix umschalten können. Alle Prozessoren arbeiten in einem bestimmten Takt, nur dass der wesentlich schneller ist als der Dreivierteltakt eines Walzers. Die Geschwindigkeit, der so genannte Prozessortakt, wird in GHz (Gigahertz) gemessen. Um zu verstehen, wie schnell, müsst Ihr zunächst wissen, dass ein Hertz bedeutet, dass Euer Computer eine Berechnung in der Sekunde anstellen kann. Und was die gigantische Vorsilbe angeht: Gigahertz bedeutet zehn hoch neun Hertz. Das sind 1000*1000*1000 oder 1 000 000 000 Hertz. Ein heutiger moderner Prozessor hat eine Geschwindigkeit von durchschnittlich ein bis drei GHz, das bedeutet, dass er zwischen einer und drei Milliarden Berechnungen die Sekunde durchführen kann.

Die Schalter im Prozessor regulieren die Stromkreise des Computers. Steht der Schalter auf »An«, dann fließt Strom, was mit einer 1 dargestellt wird. Ist er ausgeschaltet, fließt kein Strom – das wird mit einer 0 dargestellt. Das passiert so schnell, dass wir

```
01001000 01100101 01101100 01101100 01101111 00100000
01010111 01101111 01110010 01101100 01100100 00100001
00100000 01001000 01100101 01101100 01101100 01101111
00100000 01010111 01101111 01110010 01101100 01100100
00100001 00100000 01001000 01100101 01101100 01101100
01101111 00100000 01010111 01101111 01110010 01101100
01100100 00100001 00100000 01001000 01100101 01101100
01101100 01101111 00100000 01010111 01101111 01110010
01101100 01100100 00100001 00100000 01001000 01100101
01101100 01101100 01101111 00100000 01010111 01101111
01110010 01101100 01100100 00100001 00100000 01001000
01100101 01101100 01101100 01101111 00100000 01010111
01101111 01110010 01101100 01100100 00100001 00100000
01001000 01100101 01101100 01101100 01101111 00100000
01010111 01101111 01110010 01101100 01100100 00100001
00100000 01001000 01100101 01101100 01101100 01101111
00100000 01010111 01101111 01110010 01101100 01100100
00100001 00100000 01001000 01100101 01101100 01101100
01101111 00100000 01010111 01101111 01110010 01101100
01100100 00100001 00100000 01001000 01100101 01101100
01101100 01101111 00100000 01010111 01101111 01110010
01101100 01100100 00100001 00100000 01001000 01100101
01101100 01101100 01101111 00100000 01010111 01101111
01110010 01101100 01100100 00100001 00100000 01001000
01100101 01101100 01101100 01101111 00100000 01010111
01101111 01110010 01101100 01100100 00100001 00100000
01001000 01100101 01101100 01101100 01101111 00100000
01010111 01101111 01110010 01101100 01100100 00100001
00100000 01001000 01100101 01101100 01101100 01101111
00100000 01010111 01101111 01110010 01101100 01100100
00100001 00100000 01001000 01100101 01101100 01101100
01101111 00100000 01010111 01101111 01110010 01101100
01100100 00100001 00100000 01001000 01100101 01101100
01101100 01101111 00100000 01010111 01101111 01110010
01101100 01100100 00100001 00100000 01001000 01100101
01101100 01101100 01101111 00100000 01010111 01101111
01110010 01101100 01100100 00100001 00100000 01001000
01100101 01101100 01101100 01101111 00100000 01010111
01101111 01110010 01101100 01100100 00100001 00100000
```

das nicht mitbekommen. Diese winzigen Schalter sind ununterbrochen mit mathematischen Aufgaben beschäftigt. Keine schweren Aufgaben, denn alles, was ein Computer kann, können wir Menschen auch mit Stift und Papier rechnen. Nur im Gegensatz zu einem Computer schaffen wir das nicht Milliarden Mal in einer Sekunde. Jeder dieser Schalter kennt nur die zwei Zustände »An« beziehungsweise »Wahr« und »Aus« beziehungsweise »Falsch«. Deswegen bearbeiten Computer Informationen nicht mit dem dezimalen Zahlensystem, was wir Menschen im Alltag verwenden. Denn dazu müsste der Computer zehn Zahlen kennen. Stattdessen stellt ein Computer Zahlen und Buchstaben in einer Art Geheimschrift dar, die nur aus Nullen und Einsen besteht. Oder anders ausgedrückt: jedes Symbol, dass wir auf unserer Tastatur eintippen, wird als dualer, also binärer Code verschlüsselt. Ein großes A ist zum Beispiel »1000001«, ein kleines a ein »100001«.

Wenn der Prozessor das Gehirn Eures Computers ist, dann ist die Festplatte sein Langzeitgedächtnis. Hier werden all Eure Daten und Programme aufbewahrt und dafür gesorgt, dass diese Daten auch nach dem Ausschalten des Computers noch vorhanden sind. Herkömmliche Festplatten bestehen aus einem Metallgehäuse, in dem rotierende Metallscheiben mit einer speziellen magnetischen Oberflächenbeschichtung eingeschlossen sind. Ein Schreibkopf, der ein bisschen aussieht wie die Nadel bei einem Schallplattenspieler, polt bestimmte Bereiche der Oberfläche um und speichert auf diese Weise Daten. Im Gegensatz zu einer Schallplatte können hier allerdings mehrere tausend Gigabyte an Daten gespeichert werden – das wären ziemlich viele Schallplatten.

In den letzten Jahren eroberte neben diesen herkömmlichen Festplatten ein weiteres Speichermedium die Herzen der Computer: die SSD (Solid State Drive). Der Name ist dabei ein wenig irreführend, da eine SSD kein Laufwerk oder Scheibe besitzt. Eine SSD ist ein flashbasierter Speicher. Dieser kommt ganz ohne mechanische Teile (zum Beispiel die Schallplattennadel) aus und ist dadurch um einiges schneller als sich drehende Festplatten. Neben dem Langzeitgedächtnis hat ein Computer auch ein Kurzzeitgedächtnis. Der Arbeitsspeicher oder RAM (Random Access Memory). Ihr kennt das: Ein Programm oder eine Datei muss sich erst öffnen oder starten, damit Ihr damit arbeiten könnt. Sie werden deswegen von der Festplatte in den Arbeitsspeicher geladen, dort kann der Prozessor darauf zugreifen, um Daten zu verarbeiten. Theoretisch könnte das auch die Festplatte übernehmen, der Arbeitsspeicher ist aber einfach viel schneller – was sich übrigens auch im Preis niederschlägt, der um einiges höher als bei Festplattenspeicher liegt. Je größer der zur Verfügung stehende Arbeitsspeicher, umso flotter läuft das Programm. Steht einem Programm nicht genügend RAM zur Verfügung, kann es nicht gestartet werden, es stürzt ab oder es lagert Daten, die eigentlich im RAM sein sollten, auf die Festplatte aus. Der Nachteil des Arbeitsspeichers: Der Inhalt ist nur so lange verfügbar, wie der Computer nicht komplett ausgeschaltet ist. Wollt Ihr auch später darauf zugreifen können, muss der betreffende Inhalt auf der Festplatte gespeichert werden.

Jetzt wissen wir also, wo und wie der Computer sich Dinge merkt und, dass er ein Hirn hat, das alles steuert. Aber wie teilt sich ein Computer uns Menschen mit? Wir haben die Stimme und unseren Körper, damit wir mit unserer Umwelt kommunizieren und uns mitteilen können. Zugegeben, das hat ein Computer nicht, aber dafür Ersatz: die Grafik- und die Soundkarte. Noch vor einem Jahrzehnt waren Soundkarten nur mit Ach und Krach in der Lage scheppernde Musik abzuspielen und waren ausschließlich für einfache Signale gut. Das hat sich mittlerweile grundlegend geändert. Eine Soundkarte von heute liefert ein hochwertiges Klangerlebnis. Nur wie genau macht sie das? Für den Computer ist Euer Lieblingslied erst einmal eine Abfolge digitaler Zahlenkolonnen aus Nullen und Einsen. Mit Hilfe eines Digital/Analog-Konverters (ADC) werden die Zahlen in analoge Signale umgewandelt und an die Lautsprecher oder Kopfhörer gesendet. Um die gleichen Töne wie in der übermittelten Aufnahme zu erreichen, befindet sich dort eine schwingende Membran. Das ist eine hauchdünne Folie, die sich von einer Seite zur anderen wölbt. Die elektrische Energie wird so in Schallenergie umgewandelt. Außerdem sorgt das Mikrofon dafür, dass wir nicht nur Töne hören, sondern auch aufnehmen können.

Die Grafikkarte ist dafür zuständig, dass der Computer uns Dateien und Programme visuell auf dem Monitor darstellen kann. Genau wie bei Musik sind auch unsere Bilder und Texte für den Computer nur lange Kolonnen von Nullen und Einsen. Damit diese korrekt und für uns erkennbar dargestellt werden, wandelt die Grafikkarte sie in die gewünschten Farben, Schriften und Größen um. Sie ist sozusagen der Übersetzer zwischen Monitor und Prozessor. Die Qualität Deiner Grafikkarte entscheidet über die Auflösung der Bildschirmdarstellung. Die Auflösung wird in Pixeln berechnet: Bildpunkte, die sowohl vertikal als auch horizontal dargestellt werden können. Für den normalen Hausgebrauch und auch beim Programmieren reicht Euch die normale Grafikkarte, die bereits in einem Computer verbaut ist. Nur wenn Ihr aufwendige 3D-Grafiken darstellt oder grafisch komplexe Computerspiele spielt, lohnt es sich, über ein Upgrade der Grafikkarte nachzudenken.

All diese Karten sowie der Prozessor stecken auf dem so genannten Mother- oder Mainboard. Das ist das zentrale Steckbrett des Computers, auch bekannt als Hauptplatine. Auf einer Platine werden die wichtigsten Komponenten des Computers »aufgesteckt« und sind fest miteinander verbunden. Der Prozessor ist hier zu finden, genau wie der Arbeitsspeicher und alle Steckkarten, zum Beispiel Sound-, Grafik-, Netzwerk- oder Videokarten. Die Festplatte wird im Gegensatz dazu nicht aufgesteckt, sondern mit einem Kabel an das Motherboard angeschlossen. Außerdem finden sich Schnittstellen an dem Motherboard. Diese werden für interne Zwecke gebraucht, wie zum Beispiel für einen Datenspeicher. Die Schnittstellen dienen aber auch der Benutzung von externen Geräten wie dem Drucker, einem USB-Stick, der Maus oder den Lautsprechern. Die Ausstattung eines Motherboards entscheidet also über die Leistung des Systems und daneben auch, wie erweiterbar der Computer ist.

Bei Smartphones und Laptops gibt es übrigens keine Steckkarten mehr, stattdessen gibt es entsprechende Chips auf dem Mainboard.

Hedwig Kiesler

alias

HEDY LAMARR

Die Mutter des W-Lan

9.11.1914
—
19.1.2000

Hollywood-Stars wird ja oft vorgeworfen, an ihnen sei außer schönem Schein nichts dran – vor allem nicht im Kopf. Das mögen viele Leute auch über Hedy Lamarr gedacht haben: Sie galt in den 1940er Jahren als die schönste Frau der Welt. Die Filmstudios und ihre Co-Stars lagen ihr zu Füßen. Sie war außerdem die erste Schauspielerin, die einen Orgasmus auf der Leinwand simulierte. Was in diesem Zusammenhang meistens vergessen wird zu erwähnen: Diese Frau erfand die Frequenzsprungtechnik und damit die Grundlage für mobile Kommunikation zwischen Geräten wie beispielsweise WiFi, Bluetooth, GPS oder Mobilfunk.

Aber noch einmal langsam von vorne: Geboren als Hedwig Kiesler in Österreich, heiratete die schöne Jüdin aus Wien 1933 den österreichischen Rüstungsindustriellen Fritz Mandl. Schon in jungen Jahren spielte sie in ersten österreichischen Filmproduktionen mit. Ihr Mann scheute die Nähe zu den Nazis nicht und belieferte diese mit Waffen. Hedy schnappte von ihm einiges an (geheimem) technischem Know-how auf. Doch Hedy war nicht glücklich – es kriselte zwischen ihr und Fritz. 1937 schaffte sie es, der lieblosen Ehe nach Amerika zu entfliehen. Schon auf der Überfahrt traf sie auf Louis B. Meyer, den Chef der Produktionsfirma MGM und verließ das Schiff in New York mit einem Filmvertrag.

In den folgenden Jahren wurde sie zu einem der berühmtesten Stars in Hollywood. Um die Zeit in den Drehpausen zu füllen, erfand sie »Sachen«, wie zum Beispiel den Zucker-Bouillon-Würfel, der aufgelöst in einem Glas Wasser eine Art Instant-Cola zauberte. Als die USA in den Zweiten Weltkrieg eintraten, wollte Hedy Lamarr dabei helfen, das nationalsozialistische Deutschland zu bekämpfen. Ihr Freund, der Komponist Georg Antheil experimentierte mit elektrischen Instrumenten, insbesondere wie man ein elektronisches Klavier synchronisieren konnte. Dieser Ansatz, so überlegten die beiden, ließe sich auch auf die Kommunikation zwischen einem Flugzeug und einem Torpedo übertragen. Damals wurden die Torpedos über eine Radiofrequenz gelenkt. Falls aber der Feind die Frequenz erriet, konnte er das Signal unterbinden und Flugzeuge am Abwurf der Torpedos hindern. Hedy Lamarrs bahnbrechender Ansatz war, dass Empfänger (Torpedos) und Sender (Flugzeug) regelmäßig die Frequenz wechselten. 1942 meldeten Antheil und Lamarr ein Patent auf ihre Erfindung an und präsentierten sie der US Navy. Es gab nur ein Problem: Die beiden waren ihrer Zeit weit voraus. Die Navy war eher überfordert als überwältigt und so verschwand das Frequenzsprungtechnik-Verfahren zunächst einmal im Archiv.

Erst in den 1960er Jahren, während der Kuba-Krise, wurde das Verfahren zum ersten Mal angewandt. Ingenieure begannen außerdem zu realisieren, dass Lamarrs Ansatz einige komplizierte Probleme lösen konnte, die entstanden, wenn elektronische Geräte miteinander kommunizieren sollten. Eine allgemeinere Version der Frequenzsprungtechnik ist die Grundlage dafür, dass wir heute GPS, Bluetooth, Wifi und Mobilfunk nutzen können.

Mathe unbefriedigend,
Programmieren sehr gut

In Bezug auf das Programmieren gibt es einen großen Irrglauben: Programmieren ist Mathematik, ergo, bin ich schlecht in Mathematik, dann bin ich auch schlecht im Programmieren. Das trifft zu, wenn Ihr ein Betriebssystem wie *Windows*, ein riesiges soziales Netzwerk oder ein 3D-Videospiel bauen wollt. Für solche Projekte braucht Ihr jede Menge vertrackter Algorithmen und einen Haufen komplizierter Mathematik. Aber angenommen, Ihr wollt eure Website optimieren oder ein Browser-Spiel programmieren, dann macht Euch eine Fünf in Mathe noch lange keinen Strich durch die Rechnung. Wie viel Mathe müsst Ihr also genau beherrschen, um programmieren zu lernen? Nicht viel. Am allerwichtigsten ist, dass Ihr addieren, subtrahieren, dividieren und multiplizieren könnt. Und das haben wir bereits in der Grundschule gelernt, also ist der Schwierigkeitsgrad überschaubar! Keine Angst, Ihr müsst auch nichts im Kopf rechnen, das erledigt der Computer für Euch. Aber der Computer weiß nicht, wann er welche Operationen durchführen soll – das ist Eure Aufgabe beim Programmieren. Beherrschen solltet Ihr:

• **Minuszahlen** (Negative Zahlen): minus und minus ergibt plus, minus und plus immer minus. Das war's.

• **Modulo oder Division mit Rest:** Was bitte? Angenommen, wir rechnen 27/6 oder 27 mod 6, dann ist der Rest 3. Denn 4×6 ist 24, das heißt, es fehlen noch 3 bis zur 27. Das ist eine mathematische

Operation, die Euch bei vielen Programmiersprachen über den Weg laufen wird. Damit lässt sich zum Beispiel herausfinden, ob eine Zahl gerade oder ungerade ist. Und das wiederum kann eine wichtige Bedingung sein, damit ein Programm das macht, was es machen soll.

• **Prozentrechnung:** Was sind 86 Prozent von 2464? Keine Ahnung? Ist aber ganz einfach: Multipliziert 0,86 mit 2464. Die richtige Antwort 2119,04.

• **Kartesisches Koordinatensystem:** Benannt nach dem französischen Mathematiker René Descartes. In diesem Koordinatensystem haben wir zwei Richtungsachsen y und x, die sich im 90° Grad Winkel schneiden Diese Art von Mathematik ist zum Beispiel wichtig, wenn Ihr eine blanke Leinwand programmieren wollt, auf der Ihr mit der Maus zeichnen könnt. Macht großen Spaß, versprochen!

• **Satz des Pythagoras:** Der Satz $a^2 + b^2 = c^2$ ruft Erinnerungen an ungeliebte Geometrie-Lektionen in der Schule wach. Er besagt, dass Ihr bei allen rechtwinkligen Dreiecken mit Hilfe der Summe der Flächeninhalte der Kathetenquadrate den Flächeninhalt des Hypotenusequadrats berechnen könnt. Wird unter anderem eingesetzt, um herauszufinden, wie groß die Distanz zwischen zwei Punkten ist.

...

Und das war's erst mal. Mehr Mathematik benötigt Ihr nicht für Euren Einstieg in die fabelhafte Welt des Programmierens. Viel wichtiger ist, dass Ihr gut googlen könnt. Wenn Ihr nämlich an Eurem Programm sitzt und alles nicht so funktioniert, wie Ihr Euch das vorgestellt, dann schmeißt nicht vor lauter Frust die Tastatur gegen die Wand. Die Wahrscheinlichkeit, dass jemand anders schon einmal genau vor demselben Problem saß, ist nämlich sehr groß. Und auch, dass diese Person dazu einen Kommentar irgendwo im Internet hinterlassen hat. Um Hilfe bitten ist keine Schande, tausende von Programmierern machen das täglich. Im Gegensatz zum Matheunterricht ist es nicht Schummeln, wenn Ihr Euer Problem im Internet nachschlagt und die dort gefundenen Lösungen für Eure Bedürfnisse anpasst. Mathe könnt Ihr also weiterhin doof finden, aber es sollte Euch nicht daran hindern, mit dem Programmieren anzufangen.

Woher kommt dann die weitverbreitete Auffassung, man müsse ein Mathe-Ass sein, um programmieren zu lernen? Es schadet natürlich nicht, ein mathematisches Genie zu sein und für das Programmieren mancher Programme ist es wahrscheinlich wirklich die Voraussetzung. Wer Programme wie *Googles' Page Rank* oder die Spracherkennungssoftware von *Apple*, *Siri*, programmieren will, steht nämlich vor einer gewissermaßen unmöglichen Herausforderung: Dinge möglich machen, die ein Computer eigentlich nicht beherrscht. Ein Computer versteht die menschliche Sprache nicht. Geben wir »Was ist Code?« bei *Google* ein oder fragen das *iPhone* »Wie ist das Wetter, Siri?«, versteht der Computer nur Bahnhof. Er weiß ja nicht einmal, was Wetter ist. Für ihn existieren nur Daten. Suchanfragen müssen also für den Computer übersetzt werden. Und es muss vorher festgelegt werden, wie sich der Computer in welchem Fall zu verhalten hat. Dafür benötigt es Algorithmen. Ein Algorithmus ist ein Berechnungsverfahren für ein mathematisches Problem. Den Begriff kennen wir im Zusammenhang mit Informatik vor allem, weil die Medien gerne vom »*Facebook*-Algorithmus« reden. Strenggenommen stimmt das nicht einmal, denn gemeint ist in diesem Fall Software. Für den Anfang müsst ihr euch allerdings erst einmal nicht mit

Algorithmen rumschlagen. Denn zum Glück für uns sind sehr viele Algorithmen bereits in Programmiersprachen eingebettet. Das erspart es uns, uns mit zu viel Mathematik auseinandersetzen zu müssen. Eine Programmiersprache ist sozusagen ein System für das Verschlüsseln, Benennen und Organisieren von Algorithmen, die unendlich oft angewendet werden können.

Do you speak code?

In unserer digitalen Welt ist alles vernetzt – und dafür braucht es Code. Den schreiben wir mit Programmiersprachen. Es gibt tausende davon, die dafür sorgen, dass wir für jede Aufgabe das richtige Werkzeug zur Hand haben. Allein auf dem Computer tummeln sich eine Vielzahl von Programmiersprachen: Das Betriebssystem des Computers ist zum Beispiel in einer anderen Sprache geschrieben als der Browser oder der Treiber für den Drucker. Wie wir später sehen werden, spielt es also eine Rolle, für welche Programmiersprache Ihr Euch entscheidet. Es ist wie im Alltag, in dem gewisse Gegenstände sich für eine Tätigkeit besser eignen als andere. Schließlich benutzt Ihr auch ein Auto und kein Skateboard, um Euren neuen Herd vom Elektrofachmarkt in die Küche zu transportieren.

Die ganze Welt ist also vollgepackt mit Code, doch sehen wir den Code nicht – wir sehen nur, was er bewirkt. Nehmen wir zum Beispiel eine Plattform wie *Amazon*: Auf den *Amazon*-Seiten wimmelt es nur so von Code, der sie dynamisch und interaktiv macht. Sprich, er sorgt dafür, dass die Website schick aussieht und alle Buttons ihre Funktion erfüllen. Zum Beispiel, dass wir Produkte mit Sternen bewerten können oder, dass uns ausgesuchte Meldungen und Produktneuheiten angezeigt werden. Aber wie funktioniert so eine Website eigentlich genau? Nehmen wir einmal an, Ihr besitzt eine kleine Firma, die Kuckucksuhren herstellt. Kuckucksuhren sind schließlich typisch deutsch, ein klasse Souvenir und die Konkurrenz ist nicht groß. Allerdings habt Ihr leider den Anschluss an das Zeitalter des Onlineshoppings verpasst und verkauft die Ware noch ganz altmodisch in ausgewählten Läden. Auf diesem Weg erreicht Ihr aber natürlich nur Kunden, die in Deutschland in einem der Läden einkaufen. Ein Bekannter erzählt Euch eines schönen Tages, dass Isländer ganz verrückt nach Kuckucksuhren sind und rät, einen Onlineshop auf der Website zu eröffnen. Dann könnten die Isländer so viele Kuckucksuhren bestellen, wie sie möchten. Da Euer Geschäft momentan stagniert, seid Ihr hocherfreut über die Aussichten, den kuckucksuhrverrückten Isländern eine Wagenladung der urdeutschen Produkte anzudrehen. Aber wie in aller Welt eröffnet Ihr denn nun einen Onlineshop? Weil Ihr keine Ahnung habt, heuert Ihr einen Programmierer an. Der erklärt, dass es für Onlineshops vorgefertigte *Templates* gibt, die er modifizieren kann. Templates sind digitale Schablonen, also bereits programmierte Formatvorlagen, die nur noch auf die jeweilige Website angepasst werden müssen. Dazu nutzt der Programmierer eine Programmiersprache wie zum Beispiel *JavaScript*. Sie erlaubt ihm, Code zu schreiben, indem er Buchstaben und Zeichen auf seiner Tastatur drückt. Mit Hilfe der Programmiersprache kann der Programmierer dem Computer erklären, dass Ihr die 24 Kuckucksuhren des Sortiments gerne in Viererreihen untereinander anordnen möchtet. Die Programmiersprache ermöglicht es außerdem festzulegen, was angezeigt werden soll, wenn Nutzer im Suchfeld nach »Taschenuhren« fragen und was passieren soll, wenn ein isländischer Kunde eine Kuckucksuhr in den Einkaufskorb legt. Der Programmierer erklärt uns außerdem, dass er mehr für das *»Backend«*

zuständig ist und Ihr für das »*Frontend*« lieber einen speziellen Webdesigner beauftragen solltet. Ihr versteht leider gar nichts und müsst mehrmals nachfragen, bis Ihr versteht, dass Backend »hinter den Kulissen« des Onlineshops bedeutet. Die Nutzer der Website haben darauf keinen Zugriff, Ihr als Administratoren des Onlineshops könnt dort aber Einstellungen überprüfen. Das Frontend, erklärt Euch der Programmierer mit einem gequälten Lächeln, ist die Benutzeroberfläche. Das ist der Teil des Onlineshops, den der Kunde sieht und mit dem er agiert. Und, siehe da, nun seid Ihr stolzer Besitzer eines Onlineshops für Kuckucksuhren. Die Isländer werden ganz aus dem Häuschen sein, wenn sie diesen Shop entdecken!

Bei großen Plattformen wie *Amazon* ist das nicht anders, nur dass dort natürlich viel mehr Artikel angeboten werden. Das wiederum bedeutet mehr Aufwand für die Programmierer. Denn für jeden der Millionen von Artikeln muss ebenfalls genau festgelegt werden, wie die Artikel angeordnet sein sollen, wann welche Empfehlung für den Kunden eingeblendet werden soll und woher die Website weiß, mit wie vielen Sternen Ihr Euren letzten Einkauf bewertet habt.

Was ist eine Programmiersprache?

Eine Programmiersprache ist eine Syntax, eine Zusammenstellung von Regeln. Diese Regeln legen fest, welches Wort und welches Zeichen benutzen werden müssen, um dem Computer zu sagen, was er zu tun hat. Das geschieht mit Hilfe eines *Editors*, sozusagen einem Codebearbeitungsprogramm – ein bisschen wie *Word* für Programmiersprachen. Auf diese Art entsteht ein Dokument, das zunächst mal nach unverständlichem Kauderwelsch aussieht.

Eine Programmiersprache sorgt dafür, dass aus diesem Dokument der Onlineshop für Kuckucksuhren entsteht. Dazu liest der Computer den Code des Programmierers. In diesem Stadium versteht der Computer noch nicht, was Ihr von ihm möchtet, weil Computer und Menschen zwei verschiedene Sprachen sprechen. Sie sind sozusagen nicht kompatibel. Das ist der Punkt, an dem so genannte Übersetzer ins Spiel kommen, die bei der Verständigung helfen.

Die Evolution der Programmiersprachen

Bei den Programmiersprachen gibt es eine Evolution, die mittlerweile über drei Generationen von Sprachen hervorgebracht hat. Am Anfang war erst mal – nichts. Und dann kam Ada Lovelace, die mit ihrem weitsichtigen Genie das Potenzial von Algorithmen erkannte. Die von ihr verfassten Berechnungen und Tabellen ergaben zwar noch keine Programmiersprache im eigentlichen Sinne. Aber sie waren die Ausgangsbasis für alles, was danach kommen sollte. Nach Ada stagnierte die Entwicklung allerdings erst einmal, da es noch 100 Jahren dauern sollte, bis der erste Computer gebaut wurde. Und selbst dann war es noch ein weiter Weg hin zu den hoch entwickelten Programmiersprachen wie zum Beispiel *Java* oder *C*, wie wir sie heute kennen. Denn für die ersten Computer gab es noch gar keine Programmiersprachen.

Ein Programm sah damals so aus:

```
00110001 00000000 00000000 00110001 00000001
00000001 00110011 00000001 00000010 01010001
00001011 00000010 00100010 00000010 00001000
01000011 00000001 00000000 01000001 00000001
00000001 00010000 00000010 00000000 01100010
00000000 00000000
```

Was auf den ersten Blick wie der ungelenke Zählversuch eines Erstklässlers wirkt, sind in Wirklichkeit aneinandergereihte Instruktionen in Maschinencode, die ein Programm ergeben. Das Programm zählt die Zahlen von eins bis zehn zusammen und gibt das Resultat aus. Also $1 + 2 + 3 + 4 + 5 + 6 + 7 + 8 + 9 + 10 = 55$. Diese Programme wurden entweder auf Lochstreifen gestanzt oder die Leitungen zwischen den Verbindungen des Computers wurden manuell immer wieder neu gelegt. Das bedeutete also, dass für jedes neue Programm die gesamte Hardware neu »verdrahtet« werden musste – eine personalintensive Art des Programmierens.

Als Computer weiblich waren

Als die Universität von Pennsylvania im Auftrag der US-Armee in den 1940er Jahren mit dem Electrical Numerical Integrator and Computer (ENIAC) den ersten rein elektronischen Universalrechner entwickelten, gab es keine Programmierer. Es gab bis dato nur menschliche Computer, die brav in ihren Büros die Flugbahnen von Granaten auf den Millimeter genau berechneten. Die Computer in den 1940er Jahren waren mehrheitlich weiblich, weil die meisten Männer zum Kriegsdienst eingezogen waren. Sechs dieser jungen Frauen wurden als ENIAC-Personal ausgewählt. Sie sollten den ENIAC programmieren. Eine anspruchsvolle, aber auch eintönige Aufgabe, die darin bestand, Kabel und Komponenten für jede neue Rechenaufgabe entsprechend zu stöpseln. Denn der ENIAC konnte nur durch Ein- und Ausschalten seiner rund 6.000 Schalter und durch das Anschließen von unzähligen Steckbrückenkabel in eine der entsprechenden Buchsen des Computers programmiert werden.

Es gab nur ein Problem: So richtig wusste noch niemand, wie dieses Monstrum von einer Rechenmaschine zu programmieren sei. Es gab keine Bedienungsanleitung, es gab keine Handbücher, es gab keine Leitfäden – und so wurden Kay McNulty, Betty Jennings, Betty Snyder, Marlyn Wescoff, Frances Bilas und Ruth Tetelbaum lediglich die Blaupausen und Schaltpläne in die Hand gedrückt und sie sollten mal machen. Die Frauen mussten sich ihren eigenen Weg durch den Kabelsalat der Maschine bahnen und waren Pionierinnen der Programmiersprachen. Denn nachdem sie sich mit der Anordnung der 17.468 Elektronikröhren des Computers vertraut gemacht hatten, begannen sie erfolgreich, Aufgaben in den ENIAC einzuschreiben. Sie nannten diesen Vorgang nicht programmieren, sondern ganz unprätentiös »stöpseln«, weil so viel verkabelt werden musste. Die Chefs waren begeistert von den Resultaten und präsentierten diese 1946 stolz der Öffentlichkeit, allerdings ohne auch nur eine einzige der sechs Frauen namentlich zu nennen. Sie waren nicht auf den offiziellen Fotos zu sehen und wurden nicht zu den Empfängen eingeladen – auf einmal war ihre harte Arbeit wie ausgelöscht. Erst in den 1990er Jahren sorgte die Harvard-Studentin Kathy Kleinman dafür, dass die Öffentlichkeit auf die Verdienste der sechs Frauen aufmerksam wurde. Die »ENIAC-Women« bekamen endlich die Anerkennung, die ihnen zusteht.

Das nächste Level

Heute muss niemand mehr direkt in *Maschinensprache* programmieren. Da alle einhellig der Meinung waren, dass die Sache mit den Lochstreifen und der Verdrahtung der Hardware ziemlich umständlich war, suchte man nach neuen Wegen der Programmierung. Insbesondere Grace Hopper, eine weitere Pionierin des Programmierens, machte sich für eine größere Benutzerfreundlichkeit von Computern stark – eine vereinfachte Bedienung würde schließlich auch bedeuten, dass mehr Menschen einen Computer würden nutzen können.

Anfang der 1950er Jahre kamen die ersten Assembler-Sprachen auf den Markt, die als Programmiersprachen der zweiten Generation gelten. Hier werden die binären Zahlen durch einfacher zu verstehende englische Wörter ausgedrückt. Zum Beispiel benutzt man nun »add« für addieren, »sub« für subtrahieren oder »mov« für das Verschieben (to move) von gespeicherten Inhalten. Zur großen Freude aller Informatiker mussten die Daten nicht mehr in Lochstreifen gestanzt werden, sondern konnten direkt in den Computer eingeben werden. Und wie versteht der Computer, was mit »add« gemeint ist? Es ist so: Ein Programm, das Befehle aus der *Assembler*-Sprache in Maschinencode übersetzt, der so genannte *Assembler*, erzeugt eine vom Computer ausführbare Datei. Im *Windows*-Betriebssystem erkennst Du diese Dateien an ihrer Endung *.exe.*

GRACE HOPPER

alias »Amazing Grace«

9. 12. 1906
—
1. 1. 1996

Unsere Großeltern jammern gerne, dass früher alles besser war: Die Jugend hing nicht vor ihren Smartphones rum, Benzin war billiger und man konnte in Kindergärten rauchen. Aber: Computer (und damit auch das Programmieren) waren einer kleinen Elite von Militär- und Forschungseinrichtungen vorbehalten. Und Frauen machten damals höchstens am Herd Karriere. Doch Ausnahmen bestätigen die Regel und Grace Hopper ist eine bemerkenswerte Ausnahme.

Als Kind schraubte sie die Wecker im Elternhaus auseinander, um herauszufinden wie sie funktionieren. Nach ihrem Schulabschluss begann die junge Grace zunächst eine Laufbahn als Mathematikerin. Nach einem Studium am renommierten Frauen-College Vassar wechselte sie an die Ivy-League-Uni Yale und erwarb dort ihren Doktortitel in Mathematik und mathematischer Physik. Da sie aus einer Familie mit militärischer Tradition stammte (ihr Großvater war Admiral), verstand es sich fast von selbst, dass sie während des Zweiten Weltkrieges zur Navy ging.

Als erste von drei Menschen überhaupt programmierte sie dort an der ersten programmierbaren Großrechenanlage der USA, der »Mark I«.

Programmieren war in diesen Tagen sehr mühselig, erfolgte mit Lochkarten und verlangte sehr gute mathematische und physikalischtechnische Kenntnisse. Computer waren außerdem keine Freizeitgeräte und standen nur wenigen Menschen zur Verfügung. Grace Hopper fand, dass sich das ändern sollte. Sie gehörte zu den wenigen Pionieren, die in den 1950er Jahren daran glaubten, dass ein Computer mehr als ein riesiger Taschenrechner ist – und dass sich mit entsprechender anwenderfreundlichen Software eine neue Welt der Informatik eröffnen könnte. Der Schlüssel waren Programmiersprachen, die auch Menschen verstehen konnten, die keinen Doktortitel in Mathematik oder in Maschinenbau besaßen – Leute wie Du und ich sozusagen.

Ein erster Schritt in diese Richtung gelang ihr 1951, als sie ein Übersetzungsprogramm entwickelte, dass Programmierkommandos in Maschinensprachcode umwandelte. Dieser sogenannte »Compiler« legte die Grundlage für viele Generationen von Programmiersprachen. Doch da hören die Errungenschaften von Grace Hopper noch lange nicht auf: So arbeitete sie an der Entwicklung des ersten kommerziellen Computers »UNIVAC I« mit und entwickelte als erste überhaupt eine Programmiersprache, die für Daten und Befehle umgangssprachliche (englische) Wörter verwendete wie zum Beispiel »Price« oder »Replace«. Diese Sprache namens FLOW-MATIC bildet das zentrale Modell für die Programmiersprache COBOL, die weltweit meistbenutzte wirtschaftsorientierte Programmiersprache. Daneben prägte sie noch den Begriff »Bug« (eigentlich Englisch für Käfer) für einen Programmfehler.

Mit 60 Jahren sollte eigentlich Schluss sein, da ging die von der Presse liebevoll als »Amazing Grace« betitelte Grace nämlich offiziell in Rente. Doch das wurde nur eine kurze Verschnaufpause. Schon nach kurzer Zeit berief die Navy sie »vorübergehend« wieder in den Dienst, um die Standardisierung aller Computereinrichtungen der Navy zu koordinieren. Aus den ursprünglich geplanten sechs Monaten wurden 20 Jahre, in denen sie nebenher auch noch Unternehmen beriet. Grace Hopper ist eine Pionierin der Computerentwicklung. Sie sorgte mit ihrem innovativen Geist dafür, dass Programmiersprachen nutzerfreundlicher wurden, erleichterte Programmierern die Arbeit und legte die Grundlage dafür, dass heutzutage so viele Menschen einen Computer nutzen.

Die Assembler-Sprachen waren schon ein Schritt in die richtige Richtung, aber hatten den Nachteil, ziemlich unflexibel zu sein. Wollte man ein Programm eines Computersystems auf ein anderes System übertragen, musste zunächst der gesamte Code angepasst werden.

Zum Glück kam die Rettung in Gestalt der so genannten höheren Programmiersprachen. Der Name suggeriert, dass sich diese höheren Sprachen durch einen hohen Schwierigkeitsgrad und eine gewisse Exklusivität auszeichnen. Das stimmt allerdings nicht. Vielmehr sind die höheren Programmiersprachen wie zum Beispiel *JavaScript* oder *Python* für uns Laien am schnellsten zu erlernen, weil sie es uns erleichtern, komplexe Sachverhalte mit Code auszudrücken. Die Sprachen sind deswegen »höher« als Assembler- und Maschinensprachen, weil ihre Abstraktionsebene höher ist und die Lesbarkeit des Programmcodes besser. Vor allem aber müsst Ihr Euch als Nutzer keine Gedanken darüber machen, wie die Software für den Onlineshop mit Kuckucksuhren auf Maschinencode runtergebrochen werden kann. Das übernimmt netterweise der so genannte *Compiler*. Er verwandelt den Code der Programmiersprachen in Maschinencode – ohne dass wir etwas dafür tun müssen. Toll, oder? Der Compiler nimmt Euren Code und schmeißt alle Leerzeichen, alle *Kommentare* und Tabulatorzeichen raus. Diesen verkürzten Code organisiert das findige Übersetzungsprogramm in immer primitiveren Code, bis er in Maschinencode übersetzt ist. Nun weiß auch endlich der Computer, was Sache ist und kann Eure Anweisungen ausführen. Anders gesagt: Ihr schreibt Code, Euer Computer verwandelt ihn in Software, die beliebig oft abrufbar ist. Was für Euren Onlineshop nun einmal wichtig ist, denn Ihr möchtet ja, dass die Isländer dort nicht nur einmal eine Kuckucksuhr kaufen können, sondern so oft wie möglich.

Die perfekte Tomatensauce

Kennt Ihr das? Angenommen, Ihr kocht gerne Spaghetti mit Tomatensauce. Die serviert Ihr Freunden beim gemeinsamen Essen. Und plötzlich steckt Ihr in einer Grundsatzdiskussion über Tomatensauce: »Auf keinen Fall darf Tomatenmark in die Sauce!«, »In die perfekte Sauce gehört IMMER Tomatenmark!«, »Mit Rotwein ablöschen!«, »Mit Oregano würzen!«, »Nein, es muss vor allem Sellerie rein!« …

Kurzum, es gibt so viele Meinungen wie es Menschen gibt, die Tomatensauce lieben. Und das sind einige. Bei Programmiersprachen ist das nicht anders.

Es gibt viele verschiedene Programmierparadigmen, das sind fundamentale Vorstellungen darüber, in welchem Stil programmiert werden soll. Jede Programmiersprache wurde anhand verschiedener Prinzipien entwickelt und diese Prinzipien wiederum orientieren sich an den Vorstellungen einzelner Programmierparadigmen. Manche Programmierer legen einen schon fast religiösen Eifer an den Tag, wenn es darum geht, die wegweisenden Prinzipien ihrer Philosophie zu loben und die Nachteile anderer Paradigmen zu verdammen. Wie Ihr Euch vorstellen könnt, gibt es aus diesem Grund viele lange und erhitzte Diskussionen im Internet. Das älteste Programmierparadigma ist die imperative Programmierung. Namensgebend ist das lateinische Verb »imperare«, das befehlen, anordnen bedeutet. Bei diesem Paradigma geht es also darum, einen Lösungsweg zu bauen, der aus einer Reihe von Anweisungen besteht, die vorgeben wann und in welcher Reihenfolge was vom Computer getan werden soll. Wenn wir das auf die Tomatensauce übertragen, dann würde dieses Programm vorgeben, wann und in welcher Reihenfolge welche

Zutaten zugegeben werden sollen, um die beste Sauce zu kochen. Die bekannteste imperative Sprache ist *C*.

Komplizierter ist der aus der akademischen Forschung stammende Ansatz der deklarativen Programmierung. Hier wird nicht nach dem »Wie?« gefragt, sondern nach dem »Was?«. Es geht also nicht darum, zu sagen, in welcher Reihenfolge die perfekte Tomatensauce zubereitet werden muss. Stattdessen beschreibt man das Problem: »Was ist die perfekte Tomatensauce?«. Der Lösungsweg wird automatisch ermittelt, das heißt, konntet Ihr das Problem beschreiben, übernimmt der Herd die Arbeit und macht sich daran, tatsächlich die perfekte Tomatensauce zu köcheln. Klingt verlockend, oder? Der Haken ist natürlich, dass es nicht immer ganz einfach ist, das Problem zu beschreiben. Eine deklarative Sprache ist unter anderem *Haskell*.

Ziemlich abgefahren wird es dann beim objektorientiertem Programmieren: Die Sprachen, die sich dieses Paradigma auf die Fahnen geschrieben haben, gehen davon aus, dass alles ein so genanntes Objekt ist. Angenommen, Ihr möchtet eine Tomatensauce kochen. Als Zutaten verwendet Ihr Zwiebeln, Karotten, Sellerie, Knoblauch, Oregano, Olivenöl, passierte Tomaten und Parmesan. Alle diese Zutaten sind Objekte. Stellt Euch nun vor, dass Euer Rezept die Sauce nur beschreibt und keine Mengenangaben vorgibt. Diese Beschreibung der Sauce ist eine Klasse, dabei handelt es sich um einen Bauplan für Eure Objekte. Indem Ihr jetzt Eure Objekte, also die Zutaten, in eine leckere Tomatensauce verwandelt, gebt Ihr der Beschreibung, Eurer Klasse, genaue Werte:

Ihr kocht 0,75 Liter Tomatensauce mit der Farbe Rot und einer Zwiebel, zwei Karotten, einem Schnitz Sellerie, drei Zehen Knoblauch, einem Esslöffel Oregano, viel Olivenöl, zwei Dosen passierte Tomaten und Parmesan. Auf diese Weise habt Ihr ein Objekt aus einer Klasse erzeugt. Würdet Ihr andere Zutaten benutzen, zum Beispiel Hackfleisch, Tomaten, Knoblauch und Rotwein, dann könntet ihr ein weiteres Objekt aus der Klasse erzeugen.

Objektorientierte Sprachen sind unter anderem *Smalltalk* oder *Java*.

Das sind nur drei von einer ganzen Reihe von Programmierparadigmen, so gibt es unter anderem noch subjektorientierte Sprachen. Ihr müsst nicht alle kennen, es reicht, wenn Ihr wisst, dass hinter jeder Programmiersprache eine gewisse Philosophie steht.

HTML und CSS: Kein richtiges Programmieren?

Wer mit Programmieren anfangen will, beginnt oft mit *HTML* und CSS statische Websites zu bauen, die ein ganzes Stück nach 1990er Jahren aussehen. *HTML* und *CSS* habt Ihr bestimmt schon mal gehört. Wenn Ihr auf Seiten im Internet wie zum Beispiel *ebay* Beschreibungstexte verfasst oder wenn Ihr Templates bei verschiedenen Blog-Plattformen benutzt, hattet Ihr sogar selbst schon mal mit *HTML* Kontakt, um einen Text zu strukturieren. Ihr könnt zum Beispiel

kursive Wörter

fette Wörter

Überschriften

Tabellen	

in eine Artikelbeschreibung einbauen.

Das Internet ist auf den Fundamenten von jeder Menge *HTML* und *CSS* gebaut. Die beiden lassen sich sehr gut miteinander kombinieren und sind so ziemlich beste Freunde. *HTML* ist eine Sprache, die entworfen wurde, um Dokumente darzustellen und Inhalte darin zu ordnen. Sie sorgt dafür, dass Überschriften als solche ausgezeichnet werden, dass der Computer weiß, wann es einen Absatz im Text gibt und dass in unserem Onlineshop jeweils vier Kuckucksuhren nebeneinander angezeigt werden. Ohne *HTML* wären alle Websites ein riesengroßes und unübersichtliches Chaos.

CSS ist eine Formatvorlage, die dafür zuständig ist, das Erscheinungsbild von Dokumenten, sprich einer Website, korrekt darzustellen. Wollen wir einen knallorangenen Hintergrund, mit weißer Comic-Sans-Schrift und einer frei schwebenden Navigationsleiste? Dann ist *CSS* dafür zuständig, diesen Wunsch zu erfüllen. *HTML* gibt also vor, dass es eine Überschrift ist und *CSS*, wie diese Überschrift auszusehen hat.

Anfängern empfehlen wir als Einstieg eine simple Website mit *HTML* zu bauen und sie dann mit *CSS* zu verschönern. Das macht nämlich viel Spaß und ist einfacher, als die meisten denken. »Das ist also dieses Programmieren, von dem alle immer erzählen«, denkt Ihr Euch dann und freut Euch, weil programmieren tatsächlich viel einfacher ist, als Ihr gedacht habt. Das hat einen Grund: *HTML* und *CSS* sind strenggenommen eigentlich keine Programmiersprachen. Nix da mit Algorithmen und mathematischen Operationen! Informatiker betrachten folglich auch den Bau von Websites nicht als »programmieren«.

Moment mal, was? Das sind keine Programmiersprachen? Aber im Editor sehen sie doch aus wie welche, mit all dem Code und Schrägstrichen und vielen Klammern! Das stimmt. Aber nicht jeder Codeschnipsel muss zwingend Bestandteil einer Programmiersprache sein. *HTML* steht für Hyper Text Markup Language, übersetzt Auszeichnungssprache für Hypertext. Der Begriff stammt aus der Vorgehensweise von Lektoren, welche die Manuskripte ihrer Autoren überarbeiten und mit Instruktionen »auszeichnen«. In einer digitalen Auszeichnungssprache stehen diese Elemente zwischen so genannten Tags. Das sieht zum Beispiel so aus:

```
<p>
    Das ist ein Paragraf. HTML ignoriert neue
    Zeilen,
    wenn Ihr also einen neuen Absatz haben
    möchtet, müsst Ihr ein Absatzelement
    einfügen.
</p>

<p>
    Ihr könnt ein bisschen schummeln,
    indem Ihr das »br«-Element verwendet.
    Zum Beispiel so:
<br/>
    Das gilt allerdings nicht als schön,
    das heißt, die meiste Zeit wirst du einfach
    neue Paragrafen setzen.
</p>
```

Wie Ihr sehen könnt, haben Tags einen Start und ein Ende.

Start: `<p>`
Ende: `</p>`

Andere Tags sind:

- `<h1>`, `<h2>`, `<h3>`, `<h4>`, `<h5>` und `<h6>`: für Überschriften
- `<em>` hervorgehobener Text. Wird meistens als kursiv dargestellt.
- `<strong>` stärker hervorgehobener Text, wird meistens fett geschrieben dargestellt.

Versucht es ruhig einmal selbst! Ihr könnt zum Beispiel den linksstehenden Paragraphen abtippen, den Text ersetzen und speichern. Dann öffnet ihr die Datei mit Eurem Browser und schaut mal, was da angezeigt wird.

CSS wiederum ist keine Auszeichnungssprache. Die Abkürzung steht für Cascading Style Sheets und gehört zur Familie der Stylesheet-Sprachen.

```
body.text {
        color: red;
        }

a       {
        color: green;
        }
```

Dieses Gekröse da oben sagt: Der Text zwischen den Body-Elementen wird rot dargestellt, die Links dagegen werden grün sein. CSS könnt Ihr übrigens ganz schnell und easy live ausprobieren. Ruft Euren Browser auf und drückt die Tastenkombination Strg+Umschalt+I. Was Ihr jetzt seht, ist der Quelltext der Website! Ihr könnt darin mit CSS und HTML herumexperimentieren. Versucht doch einfach mal die Schriftfarbe auf Spiegel Online zu ändern. Oder die Hintergrundfarbe. Und keine Angst, die Änderungen passieren alle nur lokal in Eurem Browser, Ihr braucht also keine Angst haben, dass Ihr etwas kaputt macht.

Man kann sich das so vorstellen: HTML ist das Gesicht, auf das wir Make-up in Form von CSS pinseln können. Beide sind unverzichtbare Kernsprachen des World Wide Web, es fehlen ihnen jedoch wichtige Eigenschaften, um zu programmieren: Zählen, Schleifen programmieren oder die Fähigkeit, mathematische Berechnungen durchzuführen. Insbesondere Schleifen sind ein wichtiger Bestandteil von Programmiersprachen: Eine Wiederholung von Anweisungen innerhalb eines Programms, die so lange laufen, bis eine bestimmte Bedingung eintritt.

Programmieren hat viele Gesichter

Viele von uns haben bereits einmal programmiert, wissen das aber einfach nicht. Denn programmieren ist nicht unbedingt gleich Code. Programmieren versteckt sich zum Beispiel hinter einigen Arbeitsschritten bei Programmen, die Ihr bestimmt schon einmal genutzt habt. Das Aufsetzen komplizierter Prozesse in *Excel* oder das Erstellen von automatisierten Anwendungen in *Photoshop* ist im Grunde genommen nichts anderes als programmieren. Nehmen wir zum Beispiel *Excel*. Denken wir an den Dauerbrenner der *Microsoft-Office*-Familie, dann denken wir unweigerlich an jede Menge Tabellen. An eine Programmiersprache denkt hier niemand. Dabei ist *Excel* ein guter Einstieg für alle, die sich mit dem Programmieren auseinandersetzen möchten. In *Excel* gibt es eine Datenbank, Ihr könnt mathematische Operationen wie beispielsweise Multiplikation nutzen, und stellt Bedingungen wie wenn und dann, die in den einzelnen Zellen erfüllt sein müssen – genau wie bei jeder Programmiersprache. Das einzige, was hier fehlt, ist die Möglichkeit, Schleifen zu erstellen. Ein kleines *Excel*-Programm wäre zum Beispiel eine Bücherliste, in der notiert werden kann, wann Exemplare verliehen wurden und wann sie zurückgegeben werden müssen. Denkbar wäre beispielsweise, das Fälligkeitsdatum automatisch ausrechnen zu lassen, das immer 30 Tage nach Ausleihdatum liegen soll. Noch funktionaler wird das Ganze, wenn ein Warnsignal das Überschreiten der Leihfrist anzeigt. Ein ziemlich praktisches Instrument, um Mahngebühren zu sparen.

Auch beim Heiligen Gral der Bildbearbeitungsprogramme, *Photoshop*, werden beispielsweise Abläufe durch ein Skript automatisiert. Auch dabei helfen Schleifen, also Wiederholungen von Anweisungen, die immer und immer wieder ausgeführt werden. Angenommen ein Grafikdesigner soll hundert Schneeflocken in den Weihnachtskatalog seines Kunden einfügen. Natürlich könnte er jede Schneeflocke manuell in *Photoshop* erstellen, eine ziemlich zeitintensive Lösung. Oder er überlegt sich, dass eine Schneeflocke aus vielen einzelnen Kristallen zusammengesetzt ist. Es reicht also, einen Kristall zu zeichnen und *Photoshop* anzuweisen, diesen Kristall zu duplizieren. Dieser wird dann, um einige Grad verschoben vom ersten Kristall, damit es nicht monoton aussieht, eingefügt. Wiederholt man diesen Vorgang nun beliebig oft und fügt dabei jeweils einen Kristall um einen Kreis im 360° Radius ein, so erhält man eine Schneeflocke. Die kann man dann überall im Katalog verteilen und die gesparte Zeit nutzen, um noch einen wunderschönen Weihnachtsbaum für den Katalog zu entwerfen.

Unser Lieblingsbeispiel für »Programmieren ohne lästigen Code« ist allerdings *Scratch*. Eigentlich wurde dieses Programm entwickelt, um Kinder und Jugendliche spielerisch an das Programmieren heranzuführen. Doch mittlerweile ist *Scratch* ein prima Einstieg für alle Programmier-Neulinge. Was bei Programmiersprachen nämlich viele in schöner Regelmäßigkeit in den Wahnsinn treibt, sind die nicht mehr auffindbaren Tippfehler, welche die gesamte Syntax des Codes zum Einsturz bringen. Aus diesem Grund wird bei *Scratch* erst gar nicht getippt, sondern die einzelnen Bausteine werden per Drag-and-Drop-Prinzip zu einem Skript angeordnet. Diese visuelle Komponente erleichtert das Verständnis und hilft Euch, ohne Vorkenntnisse ein eigenes Computerspiel zu bauen. Achtung: Macht schnell süchtig!

Programmieren muss also nicht gleich komplizierter Code sein, der in einer eigenen Sprache geschrieben ist. Denn sowohl in *Excel* als auch *Photoshop* und *Scratch* gibt es Entsprechungen zu Schritten, die wir aus Programmiersprachen kennen. Offiziell als Programmiersprachen gelten sie aber nicht. Nach Auffassung vieler Programmierer gibt es nur eine bestimmte Sorte von Code, die sie als Quelltext identifizieren. Code, der zum Beispiel so aussieht:

```
function min (x,y) {
        if (x < y)
            return x;
            else return y;
            }
```

Das ist zum Beispiel eine *JavaScript*-Funktion, welche uns von zwei Zahlen immer die kleinste zurückgibt. Aber selbst wenn Ihr keine Ahnung von *JavaScript* habt, kann es sein, dass Ihr etwas Ähnliches schon in *Excel* programmiert habt. Wenn Ihr also gefragt werdet, ob Ihr schon einmal programmiert habt, könnt Ihr mit ruhigem Gewissen sagen: »Vermutlich schon.«

Die faszinierende Welt der
Programmiersprachen

Es gibt einige tausend Programmiersprachen. Manche haben ziemlich witzige Namen wie *Coffeescript* oder *Brainfuck*. Andere wiederum tragen kryptische Namen wie *C#* oder *COBOL*. Manche Sprachen wie zum Beispiel *Ruby* punkten mit niedlichen Logos. Und Programmiersprachen wie *C* haben eine selbstdestruktive Ader, weil sie immer genau das machen, was der Nutzer sagt. Selbst wenn das bedeutet, dass der Computer abstürzt. *Haskell*, eine funktionale Programmiersprache, versucht ihren Nutzer dagegen davon abzuhalten, Dummheiten zu begehen. Jede dieser Sprache repräsentiert die Welt in einem eigenen Licht, strukturiert Code nach einer eigenen Ordnung und adressiert Computerkomponenten in einer individuellen Anrede. Woher wisst Ihr aber, welches die beste Programmiersprache ist? Ist es die Sprache, die Ihr am leichtesten lernen könnt? Oder doch eine, die verschwurbelten Code mit mathematischen Operationen generiert? Und ist es ein gutes oder schlechtes Zeichen, wenn im Code viele eckige Klammern stehen?

Beurteilt werden diese Sprachen nicht danach, wie und wo Semikolons oder eckige Klammern gesetzt werden. Viel wichtiger ist die Standardbibliothek. Fast jede Programmiersprache hat eine eigene Bibliothek (auf Englisch: standard library). Genau wie bei einer richtigen Bibliothek gibt es auch hier Ressourcen, die man benutzen kann. Und genau wie eine richtige Bibliothek ist auch die Standardbibliothek dazu da, Wissen zu bündeln. Ihr braucht aber keinen Leihausweis oder müsst Jahresgebühren bezahlen, um auf die Sammlung zuzugreifen. Die Bibliothek ist auch keine Website, sondern bereits in die Sprache integriert. Viele Nutzer einer Programmiersprache behandeln die Bibliothek als essentiellen Bestandteil der jeweiligen Programmiersprache. In dieser speziellen Art von Bibliothek findet Ihr keine Bücher. Stattdessen werden dort Funktionen, globale Variablen, Templates, Algorithmen oder Definitionen von Klassen gesammelt. Die Standardbibliothek ist sozusagen ein Satz an vorgefertigten Ressourcen, die Ihr nutzen könnt. In der *JavaScript*-Bibliothek findet Ihr zum Beispiel die Funktion

```
Math.random();
```

Diese Funktion liefert eine Zufallszahl. Dadurch, dass die Funktion bereits in der Bibliothek ist, müsst Ihr die Funktion nicht erst schreiben. Das erspart viel Arbeit – und viel Mathematik. Woher wisst Ihr nun aber, welche Funktionen in der Bibliothek zu finden sind? Gibt es einen Index oder ein Karteikartensystem? Oder sogar einen freundliche Bibliothekarin, die Euch den Weg zum richtigen Regal weist? Nicht ganz: Wenn Ihr eine bestimmte Funktion benötigt, aber nicht sicher seid, ob die Bibliothek sie führt, dann am besten erst einmal *Google* befragen. Man kann natürlich auch einen Menschen fragen, von dem man glaubt, dass er das wissen könnte. Oder man liest ein Buch. Es gibt zu vielen Programmiersprachen Bücher und einige eignen sich gut für den Einstieg. Programmieren bedeutet dementsprechend nicht nur, munter drauflos zu tippen und der Rest wird schon irgendwie klappen. Ihr braucht eben auch eine Art mentale Landkarte der Programmiersprachen im Kopf, damit Ihr wisst, welche Bibliothek die relevanteste für Euch ist oder wo Ihr bei Problemen die beste Lösung findet.

Schön und gut, mögt Ihr Euch denken, aber wie findet man in der überwältigenden Vielfalt die Sprache, die zu einem passt? Wie strukturiert und verarbeitet Ihr nun Eure Daten und kommt am erfolgreichsten zum gewünschten Ergebnis? Mit Programmiersprachen ist es wie mit der Liebe: Man muss manchmal einiges ausprobieren, bis man den Partner findet, der zu einem passt. Und genau wie in der Liebe warten einige Enttäuschungen auf Euch, auch wenn Euch keine Programmiersprache das Herz brechen wird. Wenn Ihr mit dem Programmieren anfangt, wisst Ihr noch gar nicht richtig, was Euch erwartet. Schritt für Schritt arbeitet Ihr Euch zu neuen Erkenntnissen vor. Zum Idiom einer Programmiersprache gehört beispielsweise nicht nur, wie sie aussieht, sondern auch, wie sie sich anfühlt. Manche Programmiersprachen sind zum Beispiel wortkarg und brauchen nur einige wenige Befehle, wo eine andere Sprache vielleicht viele Worte verliert. Ihr merkt vermutlich schnell, dass Euch ein Programmierparadigma mehr zusagt als ein anderes. Oder dass Ihr die Syntax einer spezifischen Sprache schlicht nervig findet, weil sie Euch zu umständlich ist. Manchmal wird Euch eine Sprache in den Wahnsinn treiben. Es kann eine Weile dauern, bis Ihr eine Sprache findet, mit der es gut funktioniert. Zumindest eine Zeit lang. Eben ganz wie im richtigen Leben.

Nicht alle Sprachen werden gleich oft benutzt. Es gibt solide Alleskönner, charmante Publikumslieblinge und obskure Einzelgänger. Die meisten Sprachen haben zudem ein klar eingegrenztes Anwendungsgebiet. Das liegt daran, dass es kein Kinderspiel ist, eine Programmiersprache zu schreiben. Im Gegenteil, es ist ziemlich kompliziert und der Erfolg ist nicht vorhersehbar – nur wenige Sprachen bringen es zu einer so großen Popularität wie zum Beispiel *PHP* oder *Python*. Programmiersprachen sind nicht in Stein gehauen und verändern sich genau wie die menschliche Sprache.

Eine Gemeinschaft von engagierten Menschen oder in manchen Fällen auch Unternehmen überarbeiten »ihre« Sprache ständig. Das bedeutet, dass Bugs gefixt, also Fehler repariert, werden, die Standardbibliotheken überarbeitet und ergänzt sowie neue Standards mitaufgenommen werden. Wenn genügend Überarbeitungen zusammengekommen sind, erscheint eine neue Version.

Wir möchten Euch nun einige ausgewählte Programmiersprachen im Detail vorstellen. Bei den Sprachen handelt es sich um höhere Programmiersprachen, die oftmals bei Webprogrammierung eingesetzt werden. Für Anfänger ist am wahrscheinlichsten, dass sie mit einer von diesen Sprachen erste Erfahrungen sammeln: Die Sprachen haben eine aktive Community, was gut ist, wenn man Fragen hat. Außerdem gibt es zu den meisten eine Vielzahl von Tutorials (viele davon sogar kostenlos) und Büchern. Und zu manchen Programmiersprachen, wie zum Beispiel *Ruby*, werden sogar oft Workshops veranstaltet – bestimmt auch mal in einer Stadt in Eurer Nähe. Los geht's!

Phython

```
print("Hallo Welt!")
```

Herkunft: Guido van Rossum entwickelte die Sprache Anfang der 1990er Jahre in Amsterdam. Eigentlich wollte er sich um Weihnachten 1989 herum einfach nur die Zeit vertreiben und saß an seinem Computer. Aus diesem Zeitvertreib entstand dann überraschenderweise eine der populärsten Programmiersprachen überhaupt. Jeder, der *Python* toll findet, kann an der Optimierung mitarbeiten: Die neuen Versionen werden gemeinsam von der *Python*-Community entwickelt.

Anwendung: Das Schöne an *Python*: Ihr müsst Euch nicht

für ein Programmiersprachen-Paradigma entscheiden, weil es sich um eine Multiparadigmen-Sprache handelt. Ihr könnt Eure Tomatensauce also kochen, wie Ihr möchtet. Verglichen mit einer komplexen Sprache wie *C* ist *Python* eine übersichtliche und einfache Sprache mit einer klaren Syntax. Vieles von dem abstrakten Zeug, dass *C* so kompliziert macht, ist bei *Python* schön versteckt vor unseren Augen. Dafür müssen *Python*-Nutzer eine langsamere Ausführungsgeschwindigkeit in Kauf nehmen. Das sollte Euch aber nicht tangieren, die Ausführgeschwindigkeit ist für Anfänger erst einmal egal. Die Sprache ist plattformunabhängig, das heißt, es gibt Versionen für alle Betriebssysteme. Viele Web-Anwendungen werden mit *Python* geschrieben, so zum Beispiel Teile von *Google* und *YouTube*.

Schwierigkeitsgrad: Eine Sprache, mit der es sich auch als Programmier-Novize lohnt einzusteigen. Sie ist nicht schwer zu lernen, hat eine umfangreiche Standardbibliothek und eine riesige Fangemeinde, sodass man leicht Unterstützung bei Problemen findet.

Fun Fact: Bei *Python* denkt man zunächst an die gleichnamige Schlange. Der Name ist aber in Wirklichkeit eine Verbeugung vor Monty Python, den Kult-Komikern aus Großbritannien, die uns unter anderem den Filmklassiker »Das Leben des Brian« beschert haben.

Ruby

```
puts „Hallo Welt!"
```

Herkunft: Ruby erschien 1995 und wurde von dem Japaner Yukihiro Matsumoto mit dem Ziel entwickelt, »Programmierer glücklich zu machen«. Die Sprache begann von Japan aus erst einige Jahre später ihren Siegeszug nach Europa und Amerika. Inzwischen wird *Ruby* rund um den Globus benutzt, es gibt zahllose Konferenzen und vor allem die jüngere Generation von Programmierern ist hin und weg von der Sprache. Die Sprache ist frei, das heißt, sie kann verändert werden und sie wird als *Open Source*-Projekt gepflegt.

Anwendung: Der Gedanke hinter *Ruby* ist, dass die Sprache wie eine natürliche mit einfacher und intuitiver Syntax funktionieren soll. Genau wie *Python* handelt es sich um eine Multiparadigmen-Sprache. *Ruby* ist ein flexibler Allrounder, vergibt Fehler und wird für unterschiedliche Aufgaben eingesetzt, zum Beispiel für Softwareentwicklung oder bei Servern. Um *Ruby* auch für die Web-Programmierung nutzen zu können, wurde ein *Framework* mit Namen *Ruby on Rails* entwickelt. Damit lassen sich zum Beispiel ziemlich einfach Apps oder Websites programmieren. Weil *Ruby on Rails* in den letzten Jahren ungemein populär geworden ist, finden sich sehr viele kostenlose Online-Ressourcen und Materialien sowie eine sehr offene Community im Netz, die Anfänger ermutigen. Wir meinen: Definitiv eine der besten Sprachen, um mit dem Programmieren zu beginnen. Bei den *Rails Girls*-Workshops wird zum Beispiel innerhalb von zwei Tagen eine einfache To-Do-Listen-App mit *Ruby on Rails* gebaut.

Schwierigkeitsgrad: Womöglich eine der besten Sprachen für den Einstieg in die Welt des Programmierens. Denn durch die Workshops der *Rails Girls* gibt es eine starke Gemeinschaft, die Anfängern hilft. Außerdem finden sich online viele liebevoll gestaltete Online-Tutorials, zum Beispiel »Rails for Zombies«, mit denen sich sehr spielerisch lernen lässt.

Fun Fact: Die Sprache mit dem coolsten Logo – wer kann schon mit einem roten Rubin mithalten? Und dadurch, dass viele junge und hippe Start-ups mit *Ruby on Rails* arbeiten, gibt es tonnenweise Aufkleber für den Laptop – der will schließlich auch glänzen!

PHP

```
<?php print „Hallo Welt!"; ?>
```

Herkunft: Die Abkürzung stand früher für »Personal Home Page Tools«, inzwischen für »Hypertext Preprocessor«. 1995 von Rasmus Lerdorf geschrieben, um dynamische Websites zu erstellen, ist *PHP* ein Dauerbrenner in der Geschichte der Programmiersprachen. Große Teile des Internets sind in *PHP* verfasst. Komischerweise hört man trotz des Erfolgs nur selten begeisterte Lobreden: *PHP* ist ein eher stiefmütterlich behandelter Dauerbrenner, über den in Entwicklerkreisen gerne mal geflucht wird. Warum eigentlich? Die Sprache sei zu sperrig, der Code wirke nicht schön genug und insgesamt gebe es viel effektivere Sprachen, so heißt es. Dabei basieren viele Websites auf *PHP*, weil *PHP* gut mit einer enormen Anzahl von nutzergenerierten Websites umgehen kann. Deshalb kommt die Sprache zum Beispiel bei dem Online-portal für Selbstgemachtes *Etsy*, bei der Blogger-Hochburg *WordPress*, bei *Wikipedia* und *Facebook* zum Einsatz. Wenn *PHP* also effektiv ist, warum hat es dann so einen schlechten Ruf? Am besten stellt Ihr Euch den *PHP*-Quelltext wie ein Gedicht vor. Ein Gedicht, dass jemand im Überschwang jugendlicher Hormone mit 17 Jahren im Deutsch-Leistungskurs geschrieben und für wahnsinnig genial empfunden hat – heute kräuseln sich ihm aber nur noch vor Scham die Zehennägel.

Anwendung: Die Idee von *PHP* und vielen anderen Programmiersprachen in Grundzügen skizziert ist folgende: Ihr wollt Eure Website laden. In dem Fall geht der *PHP* Quelltext nicht direkt an den Browser, sondern an eine Art unsichtbaren Übersetzer auf dem Webserver. Je nach Skript würde dieser Übersetzer eine Datei oder ein Bild erzeugen und die Antwort online stellen. Seid Ihr bereits auf dem Server eingeloggt, könnte Euch zum Beispiel direkt das Dashboard Eurer Website angezeigt werden. Seid ihr nicht auf dem Server angemeldet, würde auf der Seite ein Anmeldefenster erscheinen und Euch bitten einzuloggen. Eine andere tolle Eigenschaft ist, dass man mit *PHP* außerdem innerhalb weniger Minuten eine funktionsfähige Website bauen und live schalten kann.

Schwierigkeitsgrad: Falls Ihr mit dem Gedanken spielt, *PHP* zu lernen, würden wir Euch raten, lieber mit *Javascript* oder *Ruby on Rails* zu beginnen. Die Syntax der beiden Sprachen ist für Anfänger leichter zu verstehen.

Fun Fact: Auf *PHP* zu schimpfen, gehört bei manchen Entwicklern einfach zum guten Ton. So wird beispielsweise gescherzt, dass die Abkürzung *PHP* in Wirklichkeit für »Perpetually Horrid Programming« steht, was übersetzt ungefähr »Dauerhaft Schreckliches Programmieren« bedeutet.

Java

```
class Hallo
    { public static void main( String[] args )
    { System.out.println("Hallo Welt!"); } }
```

Herkunft: Entwickelt Anfang der 1990er von *Sun Microsystems*, erblickte *Java* 1995 offiziell das Licht der Öffentlichkeit. *Java* kennen wir vor allem aufgrund der charakteristischen *Java*-Lade-Symbole bei Web-Anwendungen, die in gefühlt 50 von 100 Fällen nicht laden oder einfach abstürzen. Deswegen hat die Programmiersprache bei vielen kein gutes Image.

Anwendung: *Java* ist die Sprache großer etablierter Unternehmen. Entwickelt wurde *Java* als objektorientierte Sprache, die sich an *C* ein Beispiel nahm und somit, zumindest für diejenigen, die bereits *C* konnten, leicht zu lernen war (also nicht unbedingt die Nr.1-Sprache für Einsteiger). Die Sprache wurde mit massivem Marketingaufwand eingeführt, es gab von Beginn an eine riesige Standardbibliothek, dazu viele Seminare und Workshops. Das Besondere an der Programmiersprache, quasi die Kirsche auf dem Milchshake, ist, dass *Java* während des Programmierprozesses auch gleich eine automatische Dokumentation erstellt. Trotzdem ist *Java* keine Sprache, bei der Programmierer Gänsehaut vor Aufregung bekommen. *Java* ist solide, ein bisschen langweilig, aber eben auch verlässlich. Sie eignet sich zum Beispiel dafür, wenn Ihr ein Content-Management-System für eine Organisation mit 2.000 Leuten bauen wollt.

Schwierigkeitsgrad: Für alle mit *C*- oder *C++*-Vorkenntnissen ist *Java* vermutlich kein Problem. Für den Rest von uns: lieber klein anfangen, zum Beispiel mit *Ruby*.

Fun Fact: Die *Java Virtual Machine* (*JVM*) ist eine Software, die für die Ausführung von *Java*-Programmen benötigt wird. Ganz grob ausgedrückt kann man sich das als einen virtuellen Raum vorstellen, in dem der *Java*-Code ausgeführt wird. Diese Software ist ziemlich beliebt, weil so die Interaktion von Java mit vielen andern Programmiersprachen möglich ist. So lässt sich zum Beispiel mit Hilfe eines Interpreters, also einer Art von Übersetzungsprogramm, *Ruby*-Code schreiben, der dann in der *JVM* ausgeführt wird. Ihr könnt also in eurer liebsten Programmiersprache Code schreiben und trotzdem die Vorteile der schnellen und soliden *JVM* genießen.

JavaScript

```
document.write(„Hallo Welt!");
```

Herkunft: *JavaScript* wurde 1996 eingeführt, um Programme auf Websites im *Netscape*-Browser (einem Browser der 1990er Jahre und Vorläufer von *Mozilla Firefox*) hinzuzufügen. Seitdem wurde *JavaScript* von anderen Browsern aufgegriffen, weil die Sprache moderne Web-Applikationen möglich gemacht hat. Davor konnten wir zum Beispiel nur ein statisches Bild von einem Einhorn zeigen, nun können wir ein Dutzend dynamische Einhörner tanzen und Regenbögen pupsen lassen.

Anwendung: *JavaScript* begegnen Programmierer teilweise mit gemischten Gefühlen – manche verabscheuen die Sprache regelrecht. Wir dagegen mögen *JavaScript*. Zu Beginn lief *JavaScript* nur auf Websites, doch mittlerweile finden wir die Sprache auch auf Webservern. Die Sprache ist vielseitig und läuft auf Milliarden von Geräten – vom Computer bis zum Smartphone. *JavaScript* ist gut geeignet für Software, die gleichzeitig viele Dinge simultan handhaben soll. Deswegen wird unter anderem *JavaScript* bei *Google Docs* genutzt, einer Software, die im Browser läuft. Einer der großartigen Eigenschaften von *JavaScript*: Die Sprache ist sehr liberal und verzeiht viele Fehler. Das soll Anfängern den Einstieg erleichtern. Dieser große Vorteil ist jedoch gleichzeitig der große Nachteil. Weil *JavaScript* Euch die Fehler nicht hervorhebt, kann es nervenaufreibend sein, die eigenen Fehler im Code zu entdecken.

Schwierigkeitsgrad: Im Gegensatz zu *Java* eignet sich der Namensvetter gut für Anfänger. Ein Betriebssystem werdet ihr damit eher nicht programmieren, aber vielleicht reicht für den Anfang auch ein kleines Programm, das Euch von zwei Zahlen jeweils die größere präsentiert.

Fun Fact: *JavaScript* hat nicht die Bohne mit *Java* am Hut – auch wenn der Name das vermuten lässt. *Java* wurde heftig beworben, als auch *JavaScript* vorgestellt wurde. Also dachten sich die Entwickler von *JavaScript*, es wäre eine Spitzenidee, sich namensmäßig an der erfolgreichen Sprache zu orientieren. Leider wurde nicht darüber nachgedacht, dass das auch für Verwirrung sorgen könnte. Aber jetzt ist es zu spät, um daran noch etwas zu ändern.

C

```c
#include <stdio.h>
int main(void)
    {
        puts("Hallo Welt!");
    }
```

Herkunft: Der erste Preis für die Sprache mit dem kürzesten Namen geht eindeutig an den Oldie *C*. Entwickelt wurde die Sprache bereits Ende der 1960er Jahre von Dennis Ritchie in der Entwicklungsabteilung der Bell Laboratorien in den USA. Ritchie stützte sich bei der Entwicklung auf die Programmiersprache *B*, die er ebenfalls mitentwickelt hatte. Aus diesem Grund entstand der Name *C* als Weiterentwicklung von *B*. Nicht gerade clever, aber damals war man eben noch etwas entfernt von aufregenden Namen für Programmiersprachen. *C* ist ein Opa unter den Programmiersprachen. Ein Opa allerdings, der immer noch fit genug ist, um ohne Probleme einen Marathon zu laufen. Aus diesem Grund spielt *C* in der Informatik ungefähr die Rolle, welche Latein für Historiker spielt.

Anwendung: *C* ist eine imperative Sprache, mit der hauptsächlich Systeme gebaut werden. Das liegt daran, dass die Sprache schnell und effizient ist und die Hardware direkt anspricht. So werden zum Beispiel Betriebssysteme oder Komponenten des

Betriebssystems in *C* programmiert. *C* findet Verwendung bei Webservern, ist Sprache des *Unix*-Betriebssystems und sorgt dafür, dass sich Euer Computer mit dem Drucker verbindet. In *C* geschrieben sind zum Beispiel die Programme, welche in den Programmiersprachen *Phyton*, *PHP* oder *Perl* die jeweiligen Befehle in Maschinensprache übersetzen.

Schwierigkeitsgrad: Definitiv keine Sprache, die Ihr nebenbei lernt. Wer bereits Informatik studiert, wird sich hier vielleicht gut aufgehoben fühlen, der Rest gibt schnell frustriert auf. Hebt Euch *C* also lieber für die Zeit auf, in der Ihr bereits solide Programmierkenntnisse habt.

Fun Fact: Viele Programmiersprachen haben heute ein »Hallo-Welt-Programm«, das einen ersten Einblick in die Syntax der jeweiligen Sprache geben soll. Diese Idee stammt aus dem Buch »Programmieren mit C«. Die Autoren Dennis Ritchie und Brian Kernighan benutzten dieses Beispiel und starteten damit eine Tradition.

Wer programmiert, muss testen

Psst, wir verraten Euch jetzt mal ein Geheimnis: Programmieren besteht zu 70 Prozent daraus, nach Fehlern zu suchen. In einer perfekten Welt würden wir sorgsam sauberen Code schreiben, der bereits beim ersten Anlauf tipptopp funktioniert. Jede Zeile unseres Codes wäre perfekt, ein kleines Meisterwerk an Schlichtheit und Effizienz. Leider sieht die Wirklichkeit anders aus: In der Realität, wo meist unter Zeitdruck gearbeitet wird, biegen wir unseren Code schon mal mit Ach und Krach zurecht und flicken mit Copy- und-Paste funktionierende Software zusammen. So entstehen Fehler. Niemand redet richtig gerne darüber, aber in der Regel funktioniert Software nicht auf Anhieb fehlerfrei. Manchmal verbringt ein ganzes Team Tage damit, nach der Lösung für ein kniffliges Problem zu suchen. Das ist kein Wunder, denn bereits ein vergessenes Semikolon kann dafür sorgen, dass nichts geht. Dann stürzt unser Programm ab, es erscheinen Fehlermeldungen auf dem Bildschirm oder unser Computer bleibt in einer unendlichen Schleife hängen.

Bugs fixen, also Fehler zu reparieren, heißt, die Nadel im Heuhaufen zu finden. Denn das vergessene Semikolon zu entdecken, kann bei einigen hundert Zeilen Code eine Weile dauern. Programmierer verbringen also sehr viel Zeit damit, herauszufinden, warum Dinge nicht funktionieren. Dieser Vorgang nennt sich »Debugging«. Um die Nadel im Heuhaufen zu finden, reicht es nicht aus, orientierungslos mit der Mistgabel im Haufen herumzustochern. Stattdessen gibt es ein methodisches und organisiertes Vorgehen mit speziellen Werkzeugen, welche die Fehlerbehebung erleichtern sollen. Um die Anzahl an Bugs von vorneherein auf ein Minimum zu begrenzen, ist ein wichtiger Schritt im Entwicklungsprozess das Testen. Immer, wenn etwas im Code verändert wird, muss das gesamte Programm durchgetestet werden: also zum Beispiel, ob alle Funktionen richtig funktionieren, ob alle Buttons angeklickt werden können oder ob das Ergebnis wie gewünscht angezeigt wird. Das jedes Mal manuell zu erledigen ist mühsam und zeitraubend. Deswegen gibt es Programme, mit denen das eigentliche Programm getestet wird, so genannte Testprogramme. Nun denkt Ihr Euch womöglich: Das ist doch verrückt! Noch ein Programm schreiben? In dem womöglich auch wieder Fehler enthalten sind? Das stimmt natürlich, ist aber irrelevant. Denn wenn das Testprogramm alarmierend rot blinkt, dann ist es auf jeden Fall ein Warnsignal und bedeutet »Hier bitte noch einmal genau checken«. Und wenn der Fehler nicht im eigentlichen Programm liegt, dann liegt es eben am Testprogramm.

Genau so wichtig wie das erfolgreiche »Debugging« sind regelmäßige Sicherungen, so genannte Back-Ups. Sollte doch einmal ein katastrophaler Fehler den Code unbrauchbar machen, ist es wichtig, in den gespeicherten Versionen zurückgehen zu können, um festzustellen, wann der Fehler auftrat.

Wie könnte ein ideales Instrument dafür aussehen? Nun, zum einen würde es jede Änderung in jedem Dokument aufzeichnen, damit sich im Nachhinein feststellen lässt, wann sich der Fehler ins Programm geschlichen hat. Gleichzeitig würde es festhalten, wer welche Änderungen vorgenommen hat. Auf diese Weise ließe sich zusätzlich auch der Fortschritt an einem Projekt messen. Veränderungen am Code würden auf eine Art Nebengleis ausgelagert, damit die Integrität des eigentlichen Quelltextes gewährleistet bleibt. Ist ein Programmierer mit den Arbeiten am Nebengleis fertig, könnte das Ergebnis wieder in das Hauptgleis integriert werden. Zum Glück für die Entwickler-Community vereint die Software-Verwaltungsplattform *GitHub* all diese Funktionen.

GitHub: Zusammen ist man weniger allein

Über *GitHub* stolpert man mittlerweile auch als Nicht-Programmierer, zum Beispiel wenn man Software herunterladen will oder wenn man einen Artikel über die Start-up-Szene liest. Da aber die wenigsten von uns wissen, was »git« ist, wozu es eingesetzt wird und warum *GitHub* so populär ist, haben wir Euch mal die wichtigsten Fakten über den Liebling aller Programmierer aufgeschrieben. Vereinfacht gesagt ist *GitHub* eine Art *Facebook* für Programmierer. Es gibt einen News Feed, Ihr könnt ein Profil anlegen, anderen Leuten folgen und Ihr könnt grüne Kästchen für Fleißarbeit verdienen.

Die Plattform ist eine Kombination aus News Feed, Back-Up-System für Software und nicht-linearer Versionsverwaltung. An manchen Software-Projekten arbeiten heutzutage mehrere 100 Entwickler, die auf verschiedenen Erdteilen sitzen. Jeder davon kümmert sich um einen individuellen Teil des Programms – und *GitHub* kümmert sich darum, dass die Ergebnisse aller Beteiligten erfolgreich zusammengeführt werden. *GitHub* speichert außerdem jede Änderung in jeder Version. Geht also irgendwas schief, könnt Ihr immer auf die vorherige Version zurückgreifen und Eure Schritte rekonstruieren.

Am besten wird das Prinzip klar, wenn Ihr Euch einen Baum mit vielen Ästen vorstellt. Der Stamm ist das Hauptverzeichnis des Projekts und jeder Entwickler hat seinen eigenen kleinen Ast, an dem er an bestimmten Dingen arbeiten kann. Hat er eine Aufgabe erfolgreich abgeschlossen, wird der kleine Nebenzweig in das Hauptverzeichnis integriert. Auf diese Weise pfuscht niemand im Hauptverzeichnis herum und keiner gefährdet bei einem Fehler das ganze Projekt.

So lagert beispielsweise der gesamte Code sämtlicher *Google*-Internet-Applikationen von *Gmail* über *Google Maps* bis hin zu *YouTube* in einem Verzeichnis. Das Unternehmen benutzt ein selbstentwickeltes Versionsverwaltungssystem namens *Piper*, das *GitHub* stark ähnelt. Darauf haben alle der rund 25.000 Entwickler Zugriff. Der gesamte darin gelagerte Code umfasst ungefähr zwei Milliarden Zeilen. Ihr könnt Euch also vorstellen, wie anstrengend es sein muss, da ein fehlendes Semikolon zu finden. Ohne Versionsverwaltungssoftware wäre ein gemeinschaftliches Arbeiten nur schwer zu realisieren.

Schritt für Schritt sieht das gemeinsame Programmieren mit einer Versionsverwaltungssoftware ungefähr so aus:

Fork (Gabel): Lokale Version eines Verzeichnisses, auf das nur der Nutzer Zugriff hat.

Repository (Verzeichnis): Der Baum, der die Früchte, in diesem Fall den Code, trägt. Insider kürzen das Repository ganz cool zu »Repo« ab. Man kann alle Verzeichnisse in einem Profil aufrufen. Außerdem kann man von Administratoren zu anderen Verzeichnissen hinzugefügt werden.

Branch (Ast): Jeder Ast des Baumes ist eine Version des Programms. Es kann zum Beispiel einen Ast mit der getesteten und stabilen Version der Software geben, die bereits im Einsatz ist. Ein anderer Ast ist zum Beispiel eine Beta-Version.

Commit (Übergabe): Einreichen einer Änderung an der zu bearbeitenden Version bei der Versionsverwaltung. Zu jedem Commit schreibt man eine Notiz, in der festgehalten wird, worin die Änderungen bestehen. So kann man später jeden Schritt des Entwicklungsprozesses rekonstruieren.

Pull Request (Anfrage, neuen Code einzupflegen): Arbeitet man mit vielen anderen an einem Projekt, dann muss man erst einen Pull Request stellen, damit die Änderungen in das Projekt einfließen können. Der Administrator des Verzeichnisses entscheidet dann, ob er den Pull möchte, das heißt, ob er die Änderungen übernimmt, oder nicht.

Merge (Vereinigung): Jeder Entwickler arbeitet lokal an eigenen Abspaltungen des Projekts. Ist der Part getestet, wird dieser Zweig mit dem Hauptverzeichnis »gemerged«, also verschmolzen. Auf diese Weise können Mitglieder über die ganze Welt verstreut an einem Projekt arbeiten und neue Versionen herausbringen, ohne bei einem Fehler das gesamte Verzeichnis lahmzulegen.

ALAN TURING

(K)ein Held im Vaterland

23.6.1912
—
7.6.1954

Der Name Alan Turing erlangte schlagartig Aufmerksamkeit, als der britische Schauspieler Benedict Cumberbatch für die Rolle Alan Turings in dem Film »The Imitation Game – Ein streng geheimes Leben« bestimmt wurde. Lange Zeit hatte Turing nicht die ihm gebührende Anerkennung zugestanden bekommen, da die Akten über seine Karriere als Code-knacker im Zweiten Weltkrieg bis in die 1970er Jahre hinein unter Verschluss der britischen Regierung waren. Doch Anerkennung hat Alan Turing wahrhaftig verdient: Er war ein genialer Mathematiker, der ein unge-wöhnliches Interesse daran hatte, praktische Anwendungsmöglichkeiten für abstrakte mathematische Modelle zu finden. Er wird allgemein als Vater der modernen Computerwissenschaften bezeichnet.

Nachdem das Nachwuchstalent erfolgreich an der britischen Univer-sität Cambridge aufgenommen wurde, veröffentlichte er 1936 einen weg-weisenden Aufsatz über eine universelle Maschine, die »Turing-Maschine«, die jedes Set an Anweisungen decodieren und ausführen könnte. Damit skizzierte er bereits in groben Strichen das Konzept eines Computers. Während des Zweiten Weltkriegs arbeitete er für das britische Militär und half deutsche Enigma-Codes zu entschlüsseln. Maschinen wie die Enigma liefen mit festverdrahteten Programmen, das heißt, sie konnten nur für eine einzige Aufgabe eingesetzt werden. Die hypothetische »Turing-Maschine« dagegen sollte eine universelle Maschine sein. Turing entwarf hierzu das Prinzip eines endlosen Bandes, auf dem Informationen gespeichert werden. Das Band ist sozusagen der Speicher der Maschine. Noch heute wird beispielsweise eine Programmiersprache daran gemessen, ob sie »turing-vollständig« beziehungsweise »turing-mächtig« ist. Das ganze Konzept ist mathematisch ziemlich abstrakt, zusammengefasst bedeutet es: Eine Programmiersprache ist turing-vollständig, wenn sie jedes Problem lösen kann, das mit einer Turing-Maschine gelöst werden kann.

Ein anderes Thema, das Alan Turing sehr beschäftigte, war die »Künstliche Intelligenz«. 1950 stellte er in seinem Artikel »Computing machinery and intelligence« einen Test vor, mit dem sich feststellen lassen sollte, ob eine Maschine menschliches Denken imitieren könne – das war der so genannte »Turing-Test«. Für den Test benötigt man einen Fragesteller sowie zwei Gesprächspartner, von denen einer eine Maschine ist. Der Fragesteller sieht seine Gesprächspartner nicht, sondern kommuniziert mit ihnen über einen Bildschirm per Tastatur. Das Ziel: Es soll herausgefunden werden, wer von beiden eine Maschine ist. Bis heute findet der Turing-Test an der Royal Society in London statt, wo Entwickler ausprobieren können, ob ihre Chatbots (Computerprogramme, die eine intelligente textbasierte Unterhaltung mit einem oder mehreren Nutzern führen) als richtige Menschen durchgehen.

Alan Turing hatte nie ein großes Geheimnis um seine Homosexualität gemacht, die zu jener Zeit in Großbritannien allerdings noch strafbar war. Als er eine Beziehung zu einem jungen Mann einging, wurde er wegen Unzucht verurteilt und vor eine Wahl gestellt: Entweder er ging für zwei Jahre ins Gefängnis oder er ließ sich weibliche Hormone zur Unterdrückung seines Sexualtriebes spritzen. Er entschied sich für den letzteren Vorgang, der auch »chemische Kastration« genannt wird. Er galt im Folgenden als Sicherheitsrisiko, verlor seinen Job und war Anfeindungen ausgesetzt. 1954 wurde er tot in seiner Wohnung aufgefunden, neben ihm ein angebissener Apfel. Er hatte sich mit Cyanid vergiftet.

PSYCHOTEST

Unser Psychotest zeigt Dir, welche Programmiersprache Deinem persönlichen Naturell am ehesten entspricht. Kreuze die Antwort an, die am besten auf Dich zutrifft.

1. Welcher Steve?

a) Steve McQueen [ ]

b) Steve Jobs [ ]

c) Steve Wozniak [ ]

d) Steve Urkel [ ]

e) Steve Buscemi [ ]

2. Wie sieht Dein perfekter Freitagabend aus?

a) Shopping und danach Cocktails mit Freunden [ ]

b) eine Schwitzhütte bauen und mit einem LSD-Trip einweihen [ ]

c) »Moby Dick« lesen und über die Bedeutung des weißen Wals nachdenken [ ]

d) Endlich diese Steuererklärung machen und eine [ ]
Tasse Tee trinken [ ]

e) Netflix und Chillen [ ]

3. Was ist Dein Lieblingsessen?

a) Fünf-Minuten-Terrine [ ]

b) Grüner Raw Smoothie und dazu eine Dinkelpizza [ ]

c) Coq au vin mit Prinzessinnenkartoffeln [ ]

d) Schnitzel [ ]

e) Deluxe Burger mit Süßkartoffel-Pommes [ ]

4. Welcher ist Dein Lieblingsfilm?

a) »Hangover« 1–3   [ ]

b) »Fear and Loathing in Las Vegas«   [ ]

c) »Die Jagd auf Roter Oktober«   [ ]

d) »Drei Haselnüsse für Aschenbrödel«   [ ]

e) Alle Filme des Regisseurs Wes Anderson   [ ]

5. Wie würdest Du Deinen Kleidungsstil beschreiben?

a) Was gerade angesagt ist.   [ ]

b) Steampunk, Retro-Future-Look   [ ]

c) Business Casual   [ ]

d) Jeans und T-Shirt   [ ]

e) Die neusten Nike-Sneakers, schwarze Röhrenjeans   [ ]

6. Wie gut warst Du in Mathe?

a) Durchgefallen   [ ]

b) Logik super, Geometrie schwach   [ ]

c) Genie   [ ]

d) Solides Mittelfeld   [ ]

e) Supergut im Taschenrechner bedienen   [ ]

7. Was ist Deine größte Jugendsünde?

a) Ich habe eine Zigarette auf dem Schulklo geraucht.   [ ]

b) Ich habe Mercedes-Sterne von Bonzenkarren geklaut.   [ ]

c) Ich habe professionell gefälschte Schülerausweise verkauft.   [ ]

d) Ich habe in der siebten Klasse während eines Mathetests bei meinem Sitznachbarn gespickt.   [ ]

e) Ich habe das Sparschwein meiner kleinen Schwester geplündert.   [ ]

8. Mit wem würdest du gerne für einen Tag tauschen?

a) Lady Gaga [ ]

b) Kanye West [ ]

c) Angela Merkel [ ]

d) Bono von U2 [ ]

e) Sofia Coppola [ ]

9. Was willst Du eigentlich programmieren?

a) Ich will meinen Blog verschönern. [ ]

b) Der Weg ist das Ziel. [ ]

c) Ich will der nächste Bill Gates werden. [ ]

d) Ich will einen Marktplatz für Kunsthandwerk erschaffen. [ ]

e) Ich möchte eine App für mein Start-up programmieren. [ ]

10. Wie lenkst Du Dich von einer wirklich wichtigen Aufgabe ab?

a) Erst einmal meinen gesamten Instagram-Feed durch- [ ]
schauen.

b) Endlich wieder Maultrommel spielen. [ ]

c) Eine Partie Schach spielen. [ ]

d) Solitär auf dem Computer spielen. [ ]

e) Nachschauen, wie viele Klicks mein letztes DJ-Set auf [ ]
Soundcloud hat.

11. Was war Dein Traumberuf als Kind?

a) Schauspieler [ ]

b) Weltraumforscher [ ]

c) Programmierer [ ]

d) Lehrer [ ]

e) Kinderarzt [ ]

12. Wie würden Dich Deine Freunde beschreiben?

a) kreativ [ ]

b) intuitiv [ ]

c) analytisch [ ]

d) zuverlässig [ ]

e) kommunikativ [ ]

13. Welchen Drink dürfen wir Dir ausgeben?

a) Tequila Sunrise [ ]

b) Absinth [ ]

c) Whiskey [ ]

d) Kristallweizen [ ]

e) Gin and Tonic [ ]

14. Wie diszipliniert bist Du?

a) Für eine Stunde sehr, danach eher gar nicht [ ]

b) Wenn mich die Muse küsst… [ ]

c) Mein Leben ist mit Hilfe einer Excel-Tabelle [ ]
durchgetaktet.

d) Ich mag Routine, weil sie mir Sicherheit gibt. [ ]

e) Wenn das Geld stimmt… [ ]

**15. In welches Jahrzehnt würdest Du mit einer
Zeitmaschine reisen?**

a) Abtanzen auf der Love Parade in den 1990ern [ ]

b) Einmal Priester bei einer heiligen Maya-Zeremonie [ ]
spielen

c) In der Französischen Revolution die Bastille stürmen [ ]

d) Direkt in den Summer of love eintauchen [ ]

e) In die Roaring Twenties [ ]

Auswertung

Zähl zusammen, welchen Buchstaben Du am häufigsten angekreuzt hast und finde heraus, welche Programmiersprache am besten zu Dir passt:

a)   HTML/CSS

Du bist Dir gar nicht sicher, ob Programmieren wirklich etwas für Dich ist. Du interessierst Dich vor allem für Web Design, hast vielleicht einen eigenen Blog oder arbeitest viel mit *PhotoShop*. Du bist insgesamt eher am äußeren Erscheinungsbild als am Motor einer Website interessiert. *HTML* und *CSS* sind genau das Richtige für Dich. Damit strukturierst und gestaltest du Web-Anwendungen. Es handelt sich um keine »richtigen« Programmiersprachen, sie sind aber schnell erlernbar und ausbaufähig. Darf es etwas mehr sein? Dann probiere doch mal *JavaScript* aus, um Deine Websites interaktiver zu gestalten.

b)   Brainfuck

Unkonventionell ist Dein zweiter Vorname und Deine leicht anarchische Ader hat Dir schon zu Schulzeiten nicht nur Freunde eingebracht. *Brainfuck* klingt wie der Titel einer rotzigen Punkband und schert sich nicht um Konventionen. Esoterische Programmiersprachen sind super zum Experimentieren, aber auch gut geeignet, um die Grundlagen der Computersprachen zu erforschen. Eine große Karriere steht Dir als *Brainfuck*-Programmierer vielleicht nicht bevor, aber dafür viele vergnügliche Stunden.

c) C

Immer schön cool bleiben ist Deine Devise und schon in der Schule warst Du der/die Beste im Mathe-Leistungskurs. Für *HTML/CSS* hast Du nur ein müdes Lächeln übrig, weil du mit *C* komplexe Zusammenhänge darstellst. Du träumst von einem eigenen Betriebssystem, das Deinen Namen trägt und schätzt an *C* die Herausforderung.

d) PHP

Deine Freunde schätzen Dich als verlässlichen und grundsoliden Kumpel. Experimente sind nicht so Dein Ding, lieber greifst Du auf altbewährte Werkzeuge zurück. Manchmal denkst Du Dir, dass es schön wäre, eine dieser neuen Programmiersprachen zu lernen, aber schließlich wurde auch *Facebook* mit *PHP* gebaut.

e) Ruby on Rails

Du hast ein Gespür für Trends und auch bei Programmiersprachen bist Du immer vorne mit dabei, wenn es etwas Neues gibt. Du würdest gerne in einem Start-up arbeiten und schätzt an *Ruby on Rails* den Zusammenhalt der großen internationalen Community. Außerdem redest Du gerne über die »Magie«, die *Ruby on Rails* innewohnt. Wenn *Ruby on Rails* jemals Mainstream wird, hast Du garantiert schon wieder das nächste große Ding entdeckt.

DAS GEHEIHME LEBEN VON HACKERN

Drei Hacks, die um die Welt gingen

Egal wie berühmt man ist, egal wie groß ein Unternehmen ist, alles kann gehackt werden! 2013 wurden 42,8 Millionen Cyber-Attacken gezählt, welche die Wirtschaft ungefähr 400 Milliarden Dollar gekostet haben. Die folgenden drei Beispiele zeigen, dass es wirklich jeden erwischen kann.

Sony Playstation Network – Das war Datenklau im ganz großen Stil: Im April 2011 wurde das *Sony Playstation*-Netzwerk Opfer von Hackern. *Sony* war gezwungen, das Netzwerk 23 Tage vom Netz zu nehmen. Das Netzwerk zählte damals 77 Millionen Nutzer. Diese lange Ruhephase bedeutete nicht nur einen wirtschaftlichen Schaden – für *Sony* trat vor allem ein PR-Super-GAU ein. Denn die Hacker hatten Aufzeichnungen gestohlen, die unter anderem Adressen, Telefonnummern, Geburtstage und Passwörter enthielten. Wie *Sony* eine Woche nach dem Hack bekanntgab, wurden personenbezogene Informationen von jedem einzelnen Nutzer gestohlen.

Celebrity Photo Hack – Stellt Euch vor, Ihr wacht auf und die ganze Welt bestaunt private Fotos von Euch, auf denen Ihr zum Teil nur leicht bekleidet seid. Ein Alptraum, der für über 100 Prominente, vor allem Frauen, im August 2014 Wirklichkeit wurde. Damals wurden Privatfotos von den Schauspielerinnen Jennifer Lawrence, Kirsten Dunst und vielen anderen auf die Plattform *4chan* gepostet. Das war möglich, weil Hacker die Bilder vom Online-Dienst *Apple iCloud* gestohlen hatten. Der Dienst speichert und synchronisiert Daten wie zum Beispiel Mails oder Fotos. Die hochgeladenen Daten werden verschlüsselt und auf den Servern eines Speicher-Dienstleisters abgelegt.

Anonymous »Operation Payback« – *Anonymous* ist eine dezentrale Vereinigung von Hackern, die sich für einzelne Aktionen zusammenfinden. Diese können politischer Natur sein, müssen aber nicht. Die Internet-Aktivisten starten seit 2010 immer wieder koordinierte DDoS-Attacken auf Unternehmen und Organisationen. DDoS-Attacken bewirken eine künstliche Überlastung eines Dienstes oder einer Website, sodass diese nicht mehr funktionieren kann. Als 2010 zum Beispiel Unternehmen wie *Visa*, *Mastercard* oder *Amazon* ihre geschäftlichen Beziehungen zu *WikiLeaks* beendeten, weil sie die Geldströme in Form von Spenden an *WikiLeaks* unterbinden wollten, legten Anonymus die Seiten der großen amerikanischen Unternehmen lahm. Stundenlang waren die Homepages dieser drei Riesen nicht mehr erreichbar.

…

Wer oder was sind Hacker?

Was wissen wir eigentlich über Hacker? Glauben wir Kinofilmen und Medienberichten, dann brechen sie auf digitalem Weg in Banken und bei *Amazon* ein. Entweder sind sie nerdige Teenager oder junge Männer mit großen Brillengestellen, wirren Haaren und einer allgemeinen sozialen Unverträglichkeit, die sie damit wieder gut machen, dass sie irre Zahlenmengen in ihren Superhirnen verarbeiten können. Außerdem ernähren sie sich ausschließlich von Pizza und Coca Cola, halten Gemüse für eine außerirdische und fiese Lebensform, kennen Frauen nur aus dem Fernsehen und meiden das Tageslicht wie ein Vampir den Knoblauch.

Die Wirklichkeit ist komplexer. Denn es gibt gute Hacker, es gibt böse Hacker, es gibt Hacker, die irgendwo dazwischenliegen, Hacker, die gar nicht aussehen wie Hacker und Hacker, die nicht programmieren können. Eines haben sie alle gemeinsam: Sie wollen Grenzen austesten, sie scheren sich nicht um Konventionen und sie sind wahnsinnig kreativ. Hacker sind zwar eine Minderheit unter den Programmierern und Internet-Nutzern, dafür prägen sie unseren Umgang mit Informationen und Technik aber entscheidend.

Der Hacker Jon Johansen alias »DVD-John« entdeckte zum Beispiel 2001, wie der DVD-Kopierschutz durch verschlüsselte Lizenzen mit Hilfe von so genannter DeCSS-Software umgangen werden konnte. Nun konnten Filme ohne Ende kopiert werden.

Hacker befreien uns auch von Softwareeinschränkungen von Unternehmen, zum Beispiel als George Francis Hotz 2007 den *iPhone* »Jailbreak« schaffte. »Jailbreak«, also Ausbruch aus dem Gefängnis, ist genau die richtige Bezeichnung für den Hack. Denn der Hacker schaffte es, in das geschlossene und extrem gut bewachte *Apple iOS*-Betriebssystem einzudringen und für die Installation von nicht *Apple*-autorisierten Apps zu öffnen. Damit hatte er das eigenständige *Apple*-Ökosystem infiltriert.

Die Pioniere des Hackens verfolgten keine subversiven oder kriminellen Ziele, sondern wurden getrieben von purer Experimentierfreude. Einer der ersten Hacker war John Draper alias »Captain Crunch«, der entdeckte, dass er mit Hilfe einer Trillerpfeife aus einer Frühstücksflocken-Packung kostenlose Ferngespräche führen konnte. Er inspirierte informatikbegeisterte Bastler zur Gründung des »Homebrew Computer Clubs«, einem Club computerbegeisterter Hobbytüftler. Und in diesem Club entstanden durch die Begeisterung, Kreativität und Vorstellungskraft einiger genialer Bastler die ersten PCs und damit die Anfänge des Computers, wie wir ihn heute kennen.

Das Wort hacken ist keine Erfindung der Neuzeit. Tatsächlich haben schon die Briten im Mittelalter gehackt – nur dass das Verb damals eine Tätigkeit bezeichnete, bei der man »mit heftigen Schlägen in einer ungewöhnlichen und chaotischen Art etwas hackt.«

Im Zusammenhang mit Technik wurde das Verb erstmals in den 1960er Jahren benutzt: Die Studenten des amerikanischen Modelleisenbahnclubs Tech Model Railroad Club am Massachusetts Institute of Technology (MIT) waren große Scherzbolde, zum Beispiel transportierten sie einmal einen VW auf das Dach eines Universitätsgebäudes. Die Elitestudenten der technischen Studiengänge demonstrierten damit ihre Fähigkeit, scheinbar Unmögliches zu leisten. Diese Scherze waren Ausdruck technischer

Versiertheit und hoher Intelligenz, die eingesetzt wurden, um das »System zu hacken«. Andere »Hacker« von damals ignorierten Bedienungsanleitungen und bauten Maschinenmodelle nach ihren Vorstellungen um, mit dem Ziel, die Leistung zu steigern. Hier trafen Experimentierfreude, Innovationsdrang und ein gewisser anarchischer Bastlergeist aufeinander.

Die breite Öffentlichkeit wurde 1983 zum ersten Mal auf Hacker aufmerksam – der junge Amerikaner Kevin Pulsen alias »Dark Dante« schaffte es, sich zum Internet-Vorläufer *Arpanet* Zugang zu verschaffen. Dieses Netz war damals nur für die Armee, große Universitäten und Unternehmen zugänglich. Dass ein Unbefugter sich dazu Zugang verschaffen konnte, schockierte die Verantwortlichen sehr. Im gleichen Jahr kam auch der Film »WarGames« (Regie John Badham) in die Kinos, in dem sich ein Teenager irrtümlich in einen Militärcomputer einhackt, glaubt, er spiele ein Computerspiel und um ein Haar einen Nuklearkrieg auslöst. Die Hacker waren damit in den 1980er Jahren im Mainstream angekommen – und der Öffentlichkeit gefiel ganz und gar nicht, was sie sah…

Der Hacker-Ethos im goldenen Zeitalter der Hacker zwischen den späten 1960er bis Anfang der 1980er Jahre besagt: Verändere eine bestehende Situation dermaßen, dass etwas Neues entsteht – und rebelliere dabei ruhig gegen Normen und Standards. Es ging jedoch dabei vorrangig um das Modifizieren von Geräten und die Freude am Basteln neuer technischer Spielzeuge. Auch Geld war den Hackern egal. Viel wichtiger war es Grenzen zu überschreiten und Neues zu entdecken. Einige der schlausten Köpfe der digitalen Welt kommen ursprünglich aus der Hackerszene, wie zum Beispiel der spätere *Apple*-Mitgründer Steve Wozniak. Er träumte bereits als Junge von einem eigenen Computer – und diesem Wunsch haben wir erschwingliche PCs zu verdanken. Leider sollte es aber nicht lange dauern, bis die ersten Hacker aufhörten, gegen Bedienungsanleitungen und technische Grenzen zu rebellieren. Stattdessen begannen sie, ihre Fähigkeiten für politische oder kriminelle Zwecke einzusetzen. Der Mythos des digitalen Codeknackers, der mit wenigen Mausklicken Millionen von einem fremden Konto auf das eigene transferiert, war geboren. Kriminalität verträgt sich bis zum heutigen Tag nicht mit der ursprünglichen Hacker-Ethik. Auf der Homepage des *Chaos Computer Club* finden sich deswegen die folgenden Grundsätze für Hacker:

Der Zugang zu Computern und allem, was einem zeigen kann, wie diese Welt funktioniert, sollte unbegrenzt und vollständig sein.

Alle Informationen müssen frei sein.

Misstraue Autoritäten – fördere Dezentralisierung.

Beurteile einen Hacker nach dem, was er tut, und nicht nach üblichen Kriterien wie Aussehen, Alter, Herkunft, Spezies, Geschlecht oder gesellschaftliche Stellung.

Man kann mit einem Computer Kunst und Schönheit schaffen.

Computer können Dein Leben zum Besseren verändern.

Mülle nicht in den Daten anderer Leute.

Öffentliche Daten nützen, private Daten schützen.

Wir sehen: Hackern soll es um freie Technologien und die Lust am Neuen gehen, nicht um Diebstahl. Aber wie so ziemlich überall gibt es eben auch hier ein paar Individuen, welche die Spielregeln nicht verstanden haben und sich ungerührt darüber hinwegsetzen. Die Frage, die Euch an dieser Stelle bestimmt durch den Kopf geht: »Schön und gut, aber wie hackt man denn nun eigentlich? Kann ich das auch?«. Wie wir gleich erläutern werden, kann hacken ziemlich kompliziert sein – es gibt aber auch Hacks, bei denen Ihr keine Programmierkenntnisse braucht. Bevor Ihr allerdings geistig schon die erbeuteten Millionen im Kopf ausgebt, ein kleiner Hinweis an dieser Stelle: Hacken mit kriminellem Vorsatz und Datenraub sind illegal und können mit Geld- und Freiheitsstrafen bestraft werden.

Social Engineering

Hacken hat nicht unbedingt etwas mit Programmieren zu tun. Angenommen, Ihr wollt ein fremdes Emailkonto ausspionieren. Natürlich könnt Ihr dazu bis zum Umfallen Passwörter und Usernamen ausprobieren, aber das führt nur zu Frust. Und weil Hacker keine Lust auf Frust haben, gehen sie ganz anders vor. Sie bedienen sich sozialer Manipulation, um Zugriff auf fremde Systeme zu bekommen. Beim so genannten Social Engineering wird das persönliche Umfeld des Opfers ausspioniert, um erfolgreich eine falsche Identität vorzutäuschen. Das kann vom Durchwühlen des realen Papierkorbs bis zur systematischen Überwachung der Zielperson reichen.

Der berühmte Hacker Kevin Mitnick, der in den 1980er Jahren zu den meistgesuchten Personen der USA durch das FBI gehörte, rief zum Beispiel bei Netz-Administratoren an und gab sich als Sicherheitsbeauftragter aus, der Passwörter benötige. Durch geschickt eingeflochtene Informationsfetzen überzeugte er seine Opfer von seiner angeblich richtigen Identität und konnte mit den so erbeuteten Passwörtern ohne technischen Aufwand ein fremdes System betreten. Da Mitnick seine Fähigkeiten allerdings zu illegalen Zwecken einsetzte, wurde er polizeilich gesucht, schließlich gefasst und zu einer Gefängnisstrafe verurteilt.

DDoS (Distributed Denial of Service)

Von diesem Begriff habt Ihr vielleicht schon gelesen, schließlich berichten die Medien öfter davon, dass große Konzerne wie *eBay* oder *Sony* durch DDoS-Attacken lahmgelegt wurden. Dieses Verfahren wird zum Beispiel gerne von weniger codeaffinen Hackern oder Hacker-Kollektiven wie Anonymous benutzt. So funktioniert es: Man lädt einfach ein DDoS-Skript wie *Low Orbit Ion Cannon* bei *GitHub* runter. Das Ziel dieser Attacke ist eine künstlich erzeugte Überlastung und damit die Blockade eines Dienstes, zum Beispiel eines Netzwerks. Skripte wie das *Low Orbit Ion Cannon* helfen den Angreifern dabei, den Server des Netzwerks mit Anfragen so lange zu überfluten, bis dieser die Masse nicht mehr verarbeiten kann und zusammenbricht, sprich, nicht mehr von Nutzern aufrufbar ist.

Das Vorgehen bei einer DDoS-Attacke könnt Ihr Euch auch folgendermaßen vorstellen: Angenommen, wir möchten eine Person daran hindern, in einen bestimmten Zug einzusteigen. Wir könnten sie kidnappen und an einen Stuhl fesseln, bis der Zug abgefahren ist. Das allerdings ist hochgradig strafbar und wir müssten zudem vor Ort anwesend sein. Eine bessere Idee wäre, hunderte von Menschen zum Gleis zu schicken, damit die sich vor unserem

STEVE WOZNIAK

Der Leonardo da Vinci
der Computer

*11. 8. 1950

Denken wir an Apple, dann denken wir an Steve Jobs. Dabei legte ein anderer Steve das technologische Fundament für den Erfolg des Konzerns. Der Amerikaner Steve Wozniak kam früh mit Technologie in Berührung und träumte schon als Jugendlicher von einem eigenen Computer. Bereits mit elf Jahren baute er seine erste Amateur-Funkstation, mit 13 einen Taschenrechner. Außerdem entwickelte er mit Hilfe von Computer- und Chipbedienungsanleitungen seinen eigenen Computer. Vorerst allerdings nur auf dem Papier, weil er sich die Komponenten zum Bau nicht leisten konnte.

Erst 1972 gelang es ihm, seinen ersten Computer zu bauen, den »Cream Soda Computer«, benannt nach seinem Lieblingsgetränk. Ein Freund machte Wozniak daraufhin mit Steve Jobs bekannt, weil beide sich für Computer interessierten. Die beiden wurden Freunde, trafen sich zum Pizza essen und tauschten sich über Bob Dylan aus. Eigentlich studierte Steve an der Universität in Berkeley, doch fing er noch vor seinem Abschluss als Ingenieur bei Hewlett Packard an. Unter anderem arbeitete er dort in der Taschenrechner-Abteilung. Er war mit diesem Job sehr zufrieden und betont heute in Interviews, dass er davon ausging, sein Leben lang bei dieser Firma zu bleiben. Aber weil Wozniak mit seinem Vollzeitjob anscheinend noch nicht ausgelastet war, entwickelte er in seiner Freizeit Computerspiele, zum Beispiel für die berühmte Computer-spielfirma Atari.

So weit, so gut – noch deutete nichts darauf hin, dass die beiden Steves bald eine PC-Revolution anstoßen würden. Den Startschuss dazu lieferte der »Homebrew Computer Club«, ein Zusammenschluss von computerverrückten Hobbybastlern – dort nahm die heute so berühmte Computerszene von Silicon Valley ihren Anfang. Wollte man damals einen PC, musste man sich einen basteln. Steve Wozniak besuchte 1975 das erste Mal ein Treffen des Clubs und war danach wie elektrisiert: Er entwickelte im Alleingang den »Apple I«, wie er ihn nannte, und schrieb auch noch einen Großteil der Software dazu selbst. Eine schier unglaubliche Meisterleistung, wenn man bedenkt, dass er alles alleine machte und daneben noch ganztags arbeitete. Der Apple I sorgte für Aufsehen, denn er war jedem anderen PC durch seine neuartige Schreibmaschinentastatur haushoch überlegen. Andere PCs wurden damals recht umständlich mit Kippschaltern navigiert. Außerdem konnte der Fernseher als Bildschirm für diesen PC benutzt werden.

Steve Wozniak hätte sein Wissen mit den Freunden vom Hombrew Computer Club geteilt, aber Steve Jobs drängte darauf, eine Firma zu gründen und den Apple I zu verkaufen. So gründeten die beiden am 1. April 1976 Apple Computers. Das Gesicht und die treibende Kraft war Steve Jobs, der sich um das Management kümmerte. Sein Freund Steve Wozniak hatte daran kein Interesse und legte stattdessen mit seinen Rechnern in den 1970er Jahren den Grundstein für den rasanten Aufstieg der Firma. Auf den Apple I folgte das Modell Apple II, das den kommerziellen Durchbruch brachte.

Im Februar 1981 stürzte das kleine Flugzeug, in dem Wozniak unterwegs war, ab. Als Folge des Unfalls änderte sich einiges: Steve, der einige Zeit danach an Amnesie litt, beschloss, seinen Abschluss in Berkeley endlich zu machen. Zwar kehrte er 1983 als einfacher Ingenieur zu Apple zurück, doch stieg er bereits 1985 wieder aus der Firma aus, weil er Zeit für eigene Projekte haben wollte. Bis heute ist er eine schillernde Figur der Technologie-Welt, die immer wieder von sich reden macht: Sei es in den 1980ern als Sponsor des ersten US/UDSSR-Rockkonzerts in Moskau oder durch einen Gastauftritt in der amerikanischen Fernsehserie »The Big Bang Theory«.

Passagier anstellen. Auf diese Weise füllt sich der Zug rasch, es gibt keinen Platz mehr und die besagte Person kann nicht einsteigen. Das ist auch mehr oder weniger, was bei einer DDoS-Attacke passiert. Die Seite ist so überlastet, dass Nutzer sie nicht aufrufen können, und sie ist für einige Stunden, im schlimmsten Fall sogar Tage, offline. Der Betreiber der Seite muss mit empfindlichen finanziellen Einbußen rechnen. Da man mit dieser Methode erheblichen Schaden anrichten kann, gelten DDoS-Attacken in Deutschland als Computersabotage und sind strafbar – selbst wenn Skripte dieser Art überall frei verfügbar im Netz zu bekommen sind.

SQL-Einschleusung (SQL injection attack)

Die kryptische Buchstabenfolge *SQL* ist keine geheime Abkürzung, sondern der Name einer Datenbanksprache. Und das gibt uns schon einen Hinweis, was Hacker in diesem Fall ausnutzen: Sicherheitslücken von Datenbanken. Bereits seit über einem Jahrzehnt sind Einschleusungen eine der größten Gefahren, da jede moderne Website Datenbanken benutzt, um Passwörter, User oder Adressen zu verwalten. Will ein Hacker also Zugang zu den Nutzerdaten einer Website bekommen, kann er versuchen, eigene Datenbankbefehle einzuschleusen, zum Beispiel über die Login-Seite. Hacker tippen spezielle *SQL*-Kommandos in die Login-Felder und können dadurch die Barriere des Einloggens umgehen, weil sie durch ihre Kommandos direkt mit der Datenbank kommunizieren. Hat der Hacker dann Zugang zu den Daten, kann er nach Belieben Informationen auslesen, ändern und löschen. Und meistens auch noch relativ ungestört: *SQL*-Einschleusungen werden meist erst entdeckt, wenn Daten gestohlen wurden.

Pufferüberlauf (Buffer Overflow)

Der Name lässt einen zwar erst einmal an Popcorn denken, aber beim Puffer handelt es sich um einen temporären oder permanenten Speicher, in dem Daten zwischengelagert werden. Wir kennen dieses Prinzip aus unserem Alltag: Unser Kleiderschrank bietet nur einer gewissen Menge an Klamotten Platz. Ist er voll, müssen wir Platz schaffen, indem wir einen neuen Kleiderschrank kaufen – oder ausmisten.

Bei einem Pufferüberlauf, einer der häufigsten Sicherheitslücken bei Software, wird nicht ausgemistet. Im Gegenteil, es werden fleißig noch mehr Klamotten in den zu kleinen Kleiderschrank hineingepresst. Zu große Datenmengen werden also im reservierten, zu kleinen Speicherbereich zwischengelagert. Um Platz zu schaffen, werden Daten in benachbarten Speichern überschrieben. Die derart zusätzlich eingelagerten Daten können böswilligen Code enthalten, der beispielsweise Nutzerdaten ändert oder den Zugang zu geschützten Bereichen aufhebt. Bei dieser Form der Attacke geht es also letztlich um Überforderung der Kapazitäten, damit ein schlechter Code unbemerkt eingeschleust werden kann.

Black or white?

Nicht jeder Hacker will Eure Bankdaten klauen. Wie wir weiter oben gesehen haben, steht in den Hacker-Grundsätzen überhaupt nichts von Verbrechen. Grundsätzlich kann man zwischen zwei Hacker-Typen unterscheiden: Den Guten und den Bösen. Die so genannten »Black Hats« sind die Bösewichte der Hacking Community. Sie versuchen, unautorisierten Zugang zu Daten zu bekommen, indem sie Schwachstellen von Computernetzwerken auskundschaften und attackieren. Die Daten werden für betrügerische Zwecke genutzt oder verkauft. Diese Black Hats sind die schwarzen Schafe, die dafür gesorgt haben, dass wir hacken sofort mit einer verbrecherischen Tätigkeit assoziieren.

Die »White Hats« unterscheiden sich auf den ersten Blick nicht von den Schuften mit den schwarzen Hüten: Auch sie attackieren Websites. Allerdings nicht, um dann Daten an Spam-Mail-Versender weiterzuverkaufen, sondern um die Betreiber der Websites auf die Sicherheitslücken hinzuweisen und zu beraten, wie sie ihre Inhalte besser schützen können.

Auch bei Hackern gibt es gewisse Grauzonen. Dazu zählen die so genannten »Hacktivisten« oder »Grey Hats«, wie zum Beispiel Julian Assange von *WikiLeaks* einer ist oder das Anonymous-Kollektiv. Die Hacktivisten nutzen Hackertechniken, um ihre politischen Ziele durchzusetzen: Der Bastlergeist der Hacker-Pioniere verband sich zum Beispiel bei »Operation Payback« mit den ideologischen Zielen von Anonymous.

Dann gibt es noch die so genannten »Script Kiddies«: Das sind nicht wirklich kleine Kinder – die meisten sind zumindest schon im Teenageralter. Richtige Hacker schauen verächtlich auf diese Kiddies herab, weil sie wenig technische Kompetenz besitzen, sprich keinen ordentlichen Code schreiben können, und deswegen die Instrumente anderer Hacker nutzen müssen. Ein gutes Beispiel ist abermals die »Operation Payback«: In den Tiefen der Foren von *reddit*, *4chan* und anderen Plattformen konnten Aktivisten Informationen und Links finden, unter anderem, wo sie das Skript herunterladen konnten, das die ganze Arbeit erledigen würde. Keiner der unzähligen Angreifer musste auch nur eine einzige Zeile Code schreiben.

Die vier berühmtesten Hacker

John Draper alias Capt'n Crunch: Ein Hacker der ersten Stunde, denn der findige Amerikaner entdeckte 1969, dass die Spielzeugpfeife, die den Frühstücksflocken der Marke »Capt'n Crunch« beilag, eine Frequenz mit 2.600 Hertz erzeugte. Diese Tonfrequenz verwendete damals das Telefonnetz der Firma *A&T*, um Ferngespräche freizuhalten. Ab sofort telefonierte Capt'n Crunch (und seine Nachahmer) gratis!

...

Gary McKinnon: Der britische Hacker ist überzeugt von der Existenz außerirdischen Lebens und er glaubt insbesondere, dass die amerikanische Regierung diese vermeintliche Tatsache seit Jahren vertusche. Um seine These zu beweisen, hackte er sich zwischen 2001 und 2002 in 97 Computer der NASA, der US-amerikanischen Luftwaffe und des Pentagons. Angeblich fand er bei seinen Hacks Beweise für die Existenz von Aliens und den Einsatz von außerirdischen Technologien, nur leider konnte er diese nicht rechtzeitig auf seinen Rechner kopieren, um sie der Öffentlichkeit zu präsentieren. Wir müssen also noch auf den Beweis warten, dass Aliens im Weißen Haus sitzen.

...

Vladimir Levin alias Vlad: Dem russischen Mathematiker gelang 1994 der bis dahin größte virtuelle Bankraub. Damals drang er in das internationale Bankennetzwerk SWIFT ein und bekam so Zugang zu den reichsten Konten der amerikanischen *Citybank*. Er zweigte bescheidene zehn Millionen Dollar ab und überwies das Geld auf Konten in USA, Israel, Finnland, Deutschland und den Niederlanden. Leider war es ihm nicht vergönnt, das hart gehackte Geld zu verprassen. Er wurde 1995 gefasst, ohne das Geld jemals in den Händen gehalten zu haben.

...

Julian Assange alias Mendax: Der australische Hacktivist und Programmierer wurde der weiten Öffentlichkeit erst durch seine Tätigkeit für die Enthüllungsplattform *WikiLeaks* bekannt. Doch schon lange war er unter dem Pseudonym »Mendax« als Hacker aktiv. Die Regeln seiner Hackergruppierung »International Subversives« lauten: Keine PCs beschädigen, keine Daten des gehackten Computers verändern und die gesammelten Informationen müssen mit der ganzen Gruppe geteilt werden. 1992 wurde er in Australien verhaftet wegen 31 Hackerangriffen (unter anderem für das Eindringen in das Netz der *US Air Force* und bei *Nortel*) angeklagt. Er wurde in 24 Fällen für schuldig befunden und zu einer Bewährungsstrafe sowie einem Bußgeld verurteilt. 2010 wurden in Schweden Vergewaltigungsvorwürfe gegen ihn laut und er floh nach Großbritannien. Dort bat er 2012 in der ecuadorianischen Botschaft in London um politisches Asyl, da ihm sonst die Auslieferung nach Schweden drohte. Assange lebt seitdem in der Botschaft.

...

Was macht den Reiz des Hackens aus? Hacker werden von dem Wunsch getrieben, virtuelle und technische Grenzen immer wieder auszutesten und Technologien zu dekonstruieren. Daraus können im besten Fall tolle neue Erfindungen entstehen, einfach weil Hacker Grenzen überschreiten, denen andere sich nicht einmal zu nähern wagen. Im schlimmsten Fall kann das auch in die Hose gehen, weil die Grenzen des Gesetzes überschritten werden.

Einige Hacker werden nämlich leider magisch von Konfrontationen angezogen, sei es mit dem Staat, mit Unternehmen, Organisationen oder sogar innerhalb der Hackerszene.

Viele Hacker mögen das Klima der Geheimniskrämerei und Anonymität, was eine willkommene Pause von der langweiligen Realität schnöder Erwerbsarbeit oder fader Schulstunden ist. Die Kommunikation läuft hauptsächlich über textbasierte Chats und spezielle Messageboards, das ist eine Art von Schwarzen Brettern im Netz. Hinzu kommt, dass diese Chat-Kommunikation dermaßen von ironischen Referenzen, Abkürzungen und Neologismen durchsetzt ist, dass für Außenstehende ein fast unverständlicher Kauderwelsch entsteht. Und weil kein Hacker seinen Klarnamen im Internet sehen will, benutzt natürlich jeder ein cooles Pseudonym. Die eigene *IP-Adresse* wird selbstverständlich verschlüsselt, oder besser noch, man benutzt gleich das Verschlüsselungs-Netzwerk »Tor«, das die eigenen Verbindungsdaten anonymisiert. Hacker wissen, wie fragil unsere Online-Identitäten sind – und geben sich deswegen größte Mühe, die eigene zu schützen.

Auf diese Weise entsteht eine eng zusammengeschweißte Gemeinschaft mit eigenen Codes, einer eigenen Sprache und eigenen Zielen, zu der Außenseiter nur schwer Zugang finden – ähnlich einer Geheimgesellschaft. Darin liegt womöglich die größte Faszination des Hackens.

SHARING IS CARING!?

Datenschutz und Privatsphäre

AMAZON, YAHOO, DROPBOX, SOUNDCLOUD, OKCUPID, GMAIL, GELBESEITEN.DE ... Die Liste der Betroffenen des Internet-Sicherheitsskandals »Heartbleed« liest sich wie das »Who-is-Who« der großen Webanbieter. Am 7. April 2014 stockte der Internetwelt kurz der Atem. Es wurde bekannt, dass eine Sicherheitslücke im Quelltext des Verschlüsselungsprogramms, das eine Großzahl der oben genannten Website-Betreiber verwendet hatte, es möglich machte, dass Daten von Millionen Nutzern ungehindert ausgelesen werden konnten. Die Sicherheitslücke entstand schon im März 2012 als ein Student den öffentlich einsehbaren Code um die »Heartbeat-Funktion« erweiterte und ein Mitarbeiter des Betreiberprojektes *OpenSSL* diese Änderung im Git-Repository aufnahm, womit Heartbeat ein fester Bestandteil des kostenlos verfügbaren Programms wurde. Heartbeat kontrolliert, ob die Partner einer verschlüsselten Verbindung noch online sind und somit die Verbindung aufrechterhalten wird, ob quasi noch ein Herzschlag besteht. Dazu wird eine frei bestimmbare Zeichenanzahl von einen Rechner an den anderen gesendet, der wiederum eine Reihe Zeichen zurücksendet. Der Fehler lag darin, dass der Student versäumt hatte, die Anzahl der abgefragten Zeichen zu begrenzen und somit ein unerwünschter Bereich des abgefragten Speichers auslesbar war. Man konnte zum Beispiel ein Bit senden und ein kBit empfangen, wobei die zurückgesendeten Daten vertrauliche Informationen wie Passwörter enthalten konnten. Als Folge kam es zu einem »Ausbluten« der Informationen, da Angreifer beliebig oft Attacken auf die Verschlüsselungssysteme der Anbieter durchführen konnten. Bei Bekanntwerden wurde die Sicherheitslücke behoben und die Nutzer wurden aufgefordert, ihre Passwörter auf den betroffenen Seiten unbedingt zu ändern. Bislang gilt Heartbleed als einer der größten Sicherheits-GAUs der Internetgeschichte. Der Skandal warf die Fragen auf, wie sicher unsere Daten eigentlich geschützt sind und ob die öffentliche Zugänglichkeit von Quellcodes in allen Fällen erstrebenswert ist, insbesondere da neben Daten kommerzieller Anbieter auch Daten des kanadischen Finanzamtes gestohlen wurden. Obwohl das Ausmaß der eigentlich trivialen Sicherheitslücke gigantisch war, wird Heartbleed wohl nur eine Fußnote in der Online-Historie werden. Die schnell wieder abflauende Aufregung ist ein gutes Beispiel für unsere letztlich doch unbefangene Einstellung der Fremdnutzung unserer Onlinedaten gegenüber.

Die Analyse von Nutzerdaten, auch bekannt unter dem Stichwort »Big Data«, das heißt das Sammeln und Auswerten von riesigen Mengen digitaler Daten, ist mittlerweile ein kapitaler Wirtschaftszweig geworden. Datenanalysen fungieren als Prognoseinstrumente für die Werbeindustrie, für die Wahlforschung und für die Produktentwicklung. Und, für diese Einschätzung muss man kein Anhänger von Verschwörungstheorien sein, sie nimmt einen immer größeren Stellenwert in der Arbeit von Geheimdiensten und Verfassungsschützern ein. Der Begriff der »Datenkraken« in Bezug auf Global Player wie *Google* und *Yahoo* hat sich längst etabliert. Für die kostenlose Nutzung von Onlineangeboten nehmen wir den Verkauf unserer (anonymisierten) Daten gerne in Kauf und profitieren von der Auswertung unseres Verhaltens im Internet. Ist ja auch praktisch! Wir loggen uns bequem mit dem *Facebook*-Konto beim Musik-Streaming-Dienst *Spotify* ein, der aus unseren Hörgewohnheiten jede Woche eine erstaunlich gute Liste mit Musikempfehlungen ableitet. Was wir über *Spotify* hören, wird wiederum von der Website *last.fm* aufgezeichnet. Was machen die drei Anbieter mit unseren Daten? Hören sich *Facebook*-Mitarbeiter heimlich unsere Lieblingslieder des Sommers an? Wissen die Betreiber von *last.fm*, dass nach unserer Überzeugung bei Liebeskummer nur die Smiths helfen? Lesen ein paar stylische Schweden von *Spotify* heimlich unsere *Facebook*-Nachrichten? Wir haben keinen blassen Schimmer und meistens beschäftigen uns diese Fragen auch nicht, weil wir für ein bisschen Komfort gerne unsere digitale Seele verkaufen. »Wenn du für das Produkt nicht bezahlst, bist du das Produkt«, heißt es, doch wenn wir trotzdem bezahlen, sind wir mit ziemlicher Sicherheit ebenso das Produkt. Das ist mittlerweile akzeptierter Status quo im digitalen Alltag. Natürlich könnte man auf die sozialen Netzwerke, Dating-Apps und die Sportarmbänder, die den Kalorienverbrauch messen, verzichten, aber mit welchen Konsequenzen? Würden wir keine sozialen Medien nutzen, würden wir mit den *Code Girls* viel weniger Menschen erreichen, unsere Lektorin wäre nicht auf uns aufmerksam geworden und es würde dieses Buch nicht geben.

Eigentlich lebt es sich sehr gut im eigenen digitalen Zuhause. Doch wissen wir inzwischen, dass sich manchmal ungebetene Gäste einschleichen, die wir noch nicht mal bemerken. Seit Whistleblower Edward Snowden die unschönen Seiten der großen weltweiten Vernetzung aufzeigte und die Frage aufwarf, für wen das Internet eigentlich noch frei sei. Snowden enthüllte 2013 mit Hilfe der britischen Tageszeitung *The Guardian* weitreichende Spionagetätigkeiten US-amerikanischer und britischer Geheimdienste, die über das Abhören von Politikern und Überwachen von Email-Konten bis zum flächendeckenden Sammeln von Telekommunikationsdaten reichten. Mittlerweile werden Spielfilme über Snowden gedreht, er wurde mit verschiedenen Ehrendoktortiteln ausgezeichnet und für den Friedensnobelpreis vorgeschlagen. Nur Asyl möchte ihm außer Russland derzeit keine weitere Nation bieten. Edward Snowden gab damals seinen sicheren Job und sein Leben in den USA in der Hoffnung auf, dass die Menschen sich gegen die globale Überwachung erheben würden. Er wollte erreichen, dass das Versprechen eines freien und gleichen Internets wenigstens wieder eingefordert wird. Geändert hat sich an diesem Zustand der permanenten Datenüberwachung – dieses Fazit muss man leider nach zwei Jahren ziehen – jedoch wenig. Immerhin hat sich die öffentliche Meinung zu Fragen der Datensicherheit geändert. Immer mehr Webmail-Anbieter werben mit Möglichkeiten, wie die Nutzer ihre Daten verschlüsseln können. Überall erfreuen sich so genannte »CryptoParties« regen Zulaufs, auf denen das anonyme Surfen im Netz oder der Schutz von Emails gelehrt wird. Die Nachfrage nach Mitteln, um die eigenen Daten und die Privatsphäre zu schützen, ist genauso hoch wie die Verunsicherung. Welche Daten werden gespeichert und wozu überhaupt? Wie und wie lange kann ich meine Daten schützen?

In diesem Kapitel werden wir versuchen, Antworten auf solche Fragen zu geben. Wir werden möglichst einfache Wege der Datenverschlüsselung zeigen und erforschen, ob Verschlüsselung auch Spaß machen kann. Wir verraten schon jetzt: Kann es, aber wir wollen nicht verschweigen, dass die Umsetzung einiger Einarbeitung und Disziplin bedarf, das wollen wir nicht verschweigen. Ehrlicherweise müssen wir zugeben: Wir selbst mögen einige der größten Datenkraken, da sie uns die Arbeit erleichtern. Für die Erstellung dieses Buches haben wir keine Schreibmaschine genutzt und uns die Texte zum Austausch persönlich vorbeigebracht, sondern die Textverarbeitungsplattform *draftin.com* verwendet, uns über *Facebook* beraten, beim Schreiben unsere Musik auf *Spotify* gehört und unsere Kapitel unverschlüsselt per Mail an unsere Lektorin gesendet. Letztendlich muss jeder selbst entscheiden, ob Komfort oder Datenschutz persönliche Priorität haben, diese Entscheidung sollte unserer Ansicht nach jedoch aufgrund von Informationen anstatt eines diffusen Bauchgefühls getroffen werden.

Und alle angehenden Programmierer sollten immer im Kopf behalten, dass mit dem Erheben von Nutzerdaten, zum Beispiel indem man auf einer Website *Cookies* einbaut oder indem man ein persönliches Profil zur Zugangsvoraussetzung für die App-Benutzung macht, eine große Verantwortung entsteht. Denn Datenkrake oder Komplize der Datenkrake zu werden, ist eine bewusste Entscheidung und keine unvermeidbare Tatsache.

Vorratsdatenspeicherung und Real-Life-Krimis: Wann sind private Daten politisch?

Freiheit oder Sicherheit? Die uralte Frage, welcher Grundwert bei der Gestaltung der Gesellschaft und damit verbunden auch ihrer Gesetze im Vordergrund stehen sollte, geriet im Oktober 2015 erneut in den Fokus der öffentlichen Berichterstattung. Am 16. Oktober wurde das neue deutsche Gesetz zur Vorratsdatenspeicherung vom Deutschen Bundestag beschlossen. Es schreibt Telekommunikationsunternehmen die zehnwöchige Aufzeichnung von Metadaten (das sind die Rufnummern der beteiligten Anschlüsse, der Zeitpunkt und die Dauer der Anrufe sowie die IP-Adressen von Computern) der Telefon- und Internetkommunikation vor. Standortdaten, die bei der Verwendung von Mobiltelefonen ermittelt werden, müssen vier Wochen gespeichert werden, Emails sind von diesem Gesetz ausgenommen. Im Falle von SMS ist es übrigens technisch schwer umsetzbar, die Metadaten von den versendeten Inhalten zu trennen, sodass die kompletten Informationen sowieso für zehn Wochen gespeichert werden. Behörden können mit richterlicher Genehmigung auf die gesammelten Daten zugreifen.

Die Regierungskoalition aus SPD und CDU/CSU zeigt sich erwartungsgemäß mit dem Gesetz zufrieden und verspricht sich durch die Verfügbarkeit der Daten eine bessere Stellung im Kampf gegen Terrorismus und die organisierte Kriminalität. Das gern bemühte Argument »Bürger, die nichts zu verbergen haben, haben nichts zu befürchten« war in den Reihen der Befürworter häufig zu hören. Man argumentierte außerdem für die

Unbedenklichkeit des Gesetzes, da die Notwendigkeit eines richterlichen Beschlusses bestehe und der Fokus auf den Metadaten und nicht auf den Inhalten der Nachrichten liege. Doch bereits kurz nach der Verkündung wurden kritische Stimmen aus den Reihen der Opposition, von Netzaktivisten und Journalisten lauter und die ersten Verfassungsbeschwerden wurden eingelegt.

Das neue Gesetz enthält sowohl aus gesellschaftspolitischer als auch juristischer Sicht kritische Punkte. Zum einen werden durch die Vorratsdatenspeicherung alle Nutzer von modernen Kommunikationsmedien unter Generalverdacht gestellt. Es werden nicht mehr wie in den klassischen Agentenfilmen nur im Verdachtsfall Telefonleitungen angezapft und Wanzen eingesetzt, sondern anlasslos alle Verbindungsdaten protokolliert. Die Daten werden zwar dezentral in Deutschland gespeichert, aber wie sicher sie tatsächlich sind und welche Verdachtsbestände ausreichend sind, um den richterlich genehmigten Zugriff zu erhalten, bleibt vage. Im Hinblick auf das deutsche Grundgesetz ist die Vorratsdatenspeicherung ohnehin schwer zu legitimieren, da sie nach Ansicht der Kritiker unter anderem gegen das Recht auf informelle Selbstbestimmung, das Brief-, Post- und Fernmeldegesetz und das Grundrecht auf Unverletzlichkeit der Wohnung verstößt, da Korrespondenzen, die in Privaträumen stattfinden ebenfalls aufgezeichnet werden. Auch unter Berücksichtigung der Europäischen Menschenrechtskonvention, die in Artikel 8 den Schutz des Privatlebens, der Korrespondenz, der Meinungsfreiheit und des privaten Eigentums erklärt, ist die Rechtsvereinbarkeit der Speicherung ungewiss. Nicht ohne Grund hatten Verfassungsbeschwerden gegen frühere Gesetzesvorlagen in den Jahren 2007 und 2010 Erfolg und es bleibt abzuwarten, ob das aktuelle Gesetz

Bestand haben wird. Abgesehen von den dargestellten Punkten bestehen grundlegende Zweifel, ob die Erfolgsquoten der weitreichenden Überwachungsvorgänge die Eingriffe in die persönlichen Freiheiten überhaupt rechtfertigen. Das Max-Planck-Institut für ausländisches und internationales Strafrecht kam 2012 und in einer Nachfolgestudie 2015 zu dem Ergebnis, dass bis zu jenem Zeitpunkt verfügbare Erkenntnisse zur Vorratsdatenspeicherung keinen Hinweis darauf lieferten, dass sich durch sie die Aufklärungsquoten signifikant erhöhen würden. Außerdem sei nicht zu erwarten, dass Verbrechen zukünftig besser aufzuklären seien oder der Vorratsdatenschutz einen wesentlichen Beitrag zur Terrorbekämpfung leisten würde.

Sicher, nur aus Metadaten allein lässt sich kein komplettes Persönlichkeitsprofil erstellen. Dass in Verbindung mit öffentlich zugänglichen Informationen trotzdem ein ziemlich genaues Bild davon entstehen kann, wann sich eine Person wo und warum befindet, bewies Grünen-Politiker Malte Spitz in dem Projekt »Open Data City«. Spitz hatte 2010 vor Gericht die Herausgabe seiner gespeicherten Daten der letzten sechs Monate erklagt. Auf der Homepage der Wochenzeitung *Die Zeit* können Leser sich ein Bild des halben Jahres aus dem Leben von Malte Spitz machen. Dieses Bild wurde zusammengesetzt aus den Verbindungsdaten, die alle acht Minuten auf den *Telekom*-Servern gespeichert wurden und den Informationen, die von Quellen wie der Parteiwebsite und dem *Twitter*-Account zusammengetragen wurden. Im Zeitraffer sehen wir, wie der Politiker durch Deutschland reist, wundern uns, was wohl in den 51 SMS, die am 28. November eingingen, stand, und lernen, dass auf Auslandsreisen zwar Verbindungsdaten, aber keine Standorte aufgezeichnet wurden. Als potentieller Terrorist stellte sich Herr Spitz nicht heraus, interessant ist die Verbildlichung der Vorratsdatenspeicherung am Einzelfall besonders, weil sie den Nachweis erbringt, dass durch Metadaten sehr wohl auch Schlüsse über das alltägliche Leben der Nutzer gezogen werden können und der »gläserne Menschen« nicht mehr weit weg ist.

Eben noch Blogger, plötzlich Staatsfeind

Grund zur Sorge gibt das Gesetz zur Datenvorratsspeicherung nicht wegen des Eingriffs in die Privatsphäre der Bürger, sondern auch der nicht ausreichende Schutz von Journalisten, Informanten und Whistleblowern ist problematisch. Dass diese Bedenken nicht das Ergebnis einer ausgeprägten Paranoia sind, sondern durchaus eine reale, hochpolitische Begründung haben, beweist der aktuelle Krimi um Edward Snowden. Die strafrechtliche Verfolgung von Personen, die sensible Daten verbreiten, findet allerdings keinesfalls nur in den USA statt, wie das brisante Verfahren um den Betreiber des Blogs *netzpolitik.org* im Jahr 2015 zeigte. Auf diesem Blog werden Fragen zur Netzpolitik, Datensicherheit und Informationsfreiheit diskutiert. Im Frühling 2015 erstattete der Präsident des Verfassungsschutzes Anzeige gegen den Blogbetreiber, einen Autor und gegen Unbekannt, da *netzpolitik.org* Informationen veröffentlicht hatte, die als »Verschlusssache-vertraulich« eingestuft worden waren. Es handelte sich dabei um Informationen zur Bildung einer Verfassungsschutzeinheit, welche die Aktivitäten politisch Extremer in sozialen Netzwerken überwachen sollte. Dem Vorwurf des Landesverrats wurde vom Generalbundesstaatsanwalt nachgegangen. Das Bekanntwerden des Ermittlungsverfahrens löste Empörung unter Journalistenverbänden, etlichen Politikern und Medienvertretern aus, da es als Einschüchterungsversuch von Journalisten und Informanten gewertet wurde und zukünftige

Eingriffe in die Pressefreiheit und den Informantenschutz befürchtet wurden. Nach Diskussionen über die Rechtmäßigkeit des Verfahrens, über die Rolle des Bundesinnenministeriums und darüber, wann Landesverrat beginnt, wurde das Verfahren eingestellt. Die Verfahrenseinstellung ist sicher auch als Reaktion auf die starke politische und öffentliche Kritik zu verstehen. Allerdings ermittelt die Staatsanwaltschaft weiterhin gegen Unbekannt, um die Weitergabe der Daten aufzuklären. Den Beschuldigten wurde bisher nicht gestattet, Einsicht in ihre Akten zu nehmen. *Netzpolitik.org* wurde im August 2015, dem Monat, in dem das Verfahren beendet wurde, mit einem Preis der Initiative »Deutschland – Land der Ideen« unter Schirmherrschaft des Bundespräsidenten ausgezeichnet. Soweit scheinen sich die Wogen also geglättet zu haben. Jedoch bleibt die Unsicherheit darüber, was erlaubt ist und was die Staatssicherheit gefährdet, wie in Zukunft mit sensiblen Daten umgegangen werden sollte und welche Rolle die Ministerien und der Verfassungsschutz dabei spielen.

Freiheit oder Sicherheit? Die Beantwortung dieser Frage ist komplex und setzt die Bildung eines demokratischen Konsenses voraus, die langsamer als die technische Entwicklung scheint. Vermutlich interessieren niemanden die Millionen von ☺, *lol* und <3, die wir uns täglich bei *WhatsApp*, *Facebook*, *Twitter* oder per SMS senden. Die Analyse der Datenberge, die angehäuft werden, bleibt aufgrund der schieren Masse ohnehin bruchstückhaft. Alldieweil bleibt die Intransparenz und Unsicherheit, wer zu welchem Zweck Zugriff auf private Informationen bekommt. Wer nach der Maxime »Vorsicht ist besser als Nachsicht« verfährt und sich der Überwachung entziehen möchte, dem bleiben aber Methoden, die eigenen Daten zu schützen. Wie wir Euch zeigen werden, sind diese Methoden gar nicht so schwer selbst umzusetzen.

Datenschutz für *Noobs*

Beim Thema Datenschutz muss man grundsätzlich zwischen Methoden unterscheiden, die den unrechtmäßigen Zugang zu privaten Daten unterbinden (Datensicherheit) und Maßnahmen, die Kommunikation verschlüsseln (Datenverschlüsselung). Zu der ersten Kategorie gehört zum Beispiel die Sicherung von Passwörtern vor der Entwendung durch Dritte, zur zweiten die Installation eines Programms zur Email-Verschlüsselung. Während die Datenverschlüsselung zwar empfehlenswert, aber optional und noch nicht sehr weit verbreitet ist, sollte der Datensicherheit eine große Priorität bei allen Internethandlungen beigemessen werden. Man könnte sich sein »persönliches« Internet mit allen Accounts, Email-Postfächern und Diensten, die man nutzt, als digitales Zuhause vorstellen. Im analogen Zuhause besitzen wir unterschiedliche Schlüssel für die Haustür, die Wohnungstür und den Briefkasten, warum also dieses Prinzip der verschiedenen Schlüssel nicht auch online mit Passwörtern umsetzen? Wir überlegen uns ja auch zweimal, wem wir den Wohnungsschlüssel zum Blumen gießen anvertrauen. Dieselben Überlegungen sollten wir anstellen, wenn wir beispielsweise *APIs* nutzen.

Für Anfänger: Grundlegende Datensicherheit

Google ist nicht nur die bekannteste Suchmaschine, eine weltberühmte Datenkrake und ein viel gerühmter Arbeitgeber, sondern veröffentlicht hin und wieder interessante Studien zum Medienhandeln der Nutzer.

In Bezug auf das Thema Datensicherheit verglich ein Forscherteam von *Google* 2015 Aussagen der *Google*-Nutzer mit Angaben von digitalen Sicherheitsexperten darüber, was die jeweiligen Gruppen für »sicher« halten würden. Das Ergebnis war, dass zwar sowohl die Nutzer der Suchmaschine als auch die Sicherheitsexperten starke Passwörter für essenziell halten, ansonsten jedoch einige Differenzen bestanden:

Nutzer vs. Experten

Platzierung	Was Nutzer für sicher halten (n=231)	Was Experten empfehlen und selbst nutzen (n=294)
1.	Antivirus-Software nutzen	Software-Updates installieren
2.	Starke Passwörter	Einzigartige Passwörter nutzen
3.	Regelmäßig Passwörter wechseln	2-Schritte-Authentifizierung
4.	Nur bekannte Websites nutzen	Starke Passwörter
5.	Persönliche Informationen nicht teilen	Einen Passwort-Manager nutzen

Was taugen die Tipps der Sicherheitsexperten?

Die Angst, Software-Updates zu installieren und sich damit einen gefährlichen Virus einzufangen, ist verständlich, aber oft unbegründet, wenn man einen Blick darauf wirft, dass der Anbieter der Updates authentisch ist. Die Authentizität ist im Downloadfenster ersichtlich, wo die Herkunftsadresse angegeben wird. Auf Nummer sicher geht man, wenn Software nur von den offiziellen Websites der Anbieter heruntergeladen wird. Ansonsten sind regelmäßige Aktualisierungen zu empfehlen, da Software-Firmen ständig daran

LARRY PAGE & SERGEY BRIN

Gesucht und gefunden

*26.3.1976

*21.8.1973

Auf der Suche nach dem billigsten Notebook? Oder wollt Ihr wissen, wann die Lieblingsband endlich wieder auftritt? Klare Sache: Wir googlen. Aus dem ursprünglichen Projekt für eine Doktorarbeit (die es bis heute noch zu beenden gilt), entwickelte sich unter der Regie zweier junger Informatiker ein weltumspannender Konzern namens Google. Dabei hatten die beiden Google-Gründer Larry Page und Sergey Brin nicht vor, eine Suchmaschine zu bauen, als sie 1995 die Arbeit am als »BackRub« betitelten Projekt aufnahmen.

Der damals 21-Jährige Brin studierte Informatik an der Ivy-League Uni Stanford. Er wurde dem 22-Jährigen Page als Mentor zugeteilt, als dieser sich ebenfalls für ein Informatikstudium in Stanford interessierte. Page begann in Stanford zu studieren und arbeite bald mit Brin zusammen. Und das, obwohl sich beide bei ihrer ersten Begegnung nach eigenen Angaben »unausstehlich« fanden. Als Larry nach einem Thema für seine Doktorarbeit suchte, beschloss er, sich der Link-Struktur des Webs zu widmen. Brin und Page wollten alle Websites nach der Qualität ihrer Links ranken. 1995 war das Internet im Grunde eine riesige ungeordnete Datenbank. Stellt Euch eine gigantische Bibliothek vor, voller kilometerlanger Regale mit Büchern zu jedem erdenklichen Thema – nur gibt es keine zufriedenstellende Möglichkeit, herauszufinden, in welchem Regal ein gewünschtes Buch steht. Man kann lediglich hoffen, in einem Buch zufällig Hinweise auf andere Bücher zum gesuchten Thema sowie deren

Standort zu finden. Auf Websites übertragen hieß das: Eine Website verfügte zwar über Links, denen Nutzer zu neuen Seiten folgen konnten. Aber es gab keine Möglichkeit zu erfahren, von welchen Seiten auf eine spezifische Seite verlinkt wurde.

Denn Page, das Kind von Akademikern, erkannte, dass sich Links mit Zitaten in wissenschaftlichen Veröffentlichungen vergleichen ließen. In der Wissenschaft gilt nämlich inoffiziell: Je öfter ein wissenschaftliches Werk zitiert wird, umso relevanter ist sein Inhalt.

Damit sich das Prinzip auf Websites anwenden lässt, benötigten Page und Brin einen Algorithmus, der vorgab, wie das Web zu erfassen war, damit sie die Seiten darin bewerten konnten. Sie standen vor einer mathematischen Herausforderung: Denn der von ihnen benutzte so genannte Crawler, ein Computerprogramm, das automatisch das Web durchsucht, sollte nicht nur die Links jeder Website erfassen. Er sollte zusätzlich auch noch alle Links, die mit jedem einzelnen Link zusammenhingen, indizieren. Der »PageRank-Alogrithmus« war geboren: Das Ranking-System »belohnte« Links von relevanten und seriösen Seiten – wer auf seiner Seite über keine hochwertigen Links verfügte, endete entsprechend weit unten im Ranking. Anders ausgedrückt: Verlinkt die vielbesuchte Seite Zeit.de in einem Artikel auf die Website dieses Buchs, hat das einen höheren Einfluss auf die Platzierung, als wenn ein unbedeutender Blog ohne Leser dem Buch einen ganzen Artikel widmet.

Aufgrund des Projekts BackRub wurde allerdings allmählich die Bandbreite der Universität knapp. 1996 brach die Verbindung durch Überlastung sogar einige Male zusammen. Brin und Page erkannten, dass sich PageRank ohne weiteres für eine Suchmaschine einsetzen ließ und ließen sich 1997 die Domain Google.com registrieren. Der Name ist übrigens kein Fantasieprodukt – er kommt von Googol, dem englischen Begriff für die Ziffer 1 gefolgt von 100 Nullen. Ein Name also, der durchaus die Absicht suggeriert, die scheinbar unendliche Anzahl von Seiten im Internet zu erfassen und strukturieren. Google hat unsere Art zu denken und zu leben verändert: Bücher, Filme, Musik und Text sind nun nur noch einen Mausklick entfernt, jederzeit und überall erreichbar. Larry Page und Sergey Brin haben mit Google das World Wide Web erfassbarer gemacht.

arbeiten, Sicherheitslücken zu schließen – genauso wie Hacker permanent versuchen, diese zu entdecken. Wer das Flash-*Plugin* zum Abspielen von Animationen, Spielen und Videos in seinem Browser installiert hat, wird wissen, wie oft darauf hingewiesen wird, dass unbedingt eine neue Version heruntergeladen werden müsse, da das Plugin gerade wieder ein Sicherheitsrisiko darstellen und den Computer angreifbar machen würde. Generell machen Plugins das Surfen im Netz zwar interaktiver und komfortabler, aber man sollte nur diejenigen installieren, die man wirklich benötigt, da sie potentielle Angriffsflächen sind und von Drittanbietern bereitgestellt werden, die eventuell nicht immer die besten Absichten haben. Deshalb, wenn Updates oder kostenlose Programme aus dem Internet heruntergeladen werden, bitte nicht vergessen, die Bewertungen anderer Kunden zu lesen. Außerdem sollte immer kontrolliert werden, was genau heruntergeladen wird. Die Kontrolle hat man am besten, indem man in den Browsereinstellungen generell angibt, dass Downloads stets bestätigt werden müssen. Manchmal holt man sich mit dem gewünschten Programm blinde und potentiell gefährliche Passagiere ins Boot (die zum Beispiel oft als angebliche Anti-Viren-Programme getarnt sind). Das lässt sich vermeiden, indem man die AGBs tatsächlich liest und speichert (wer frei von der Sünde des Wegklickens ist, werfe den ersten Stein …) und vor allem schaut, ob Häkchen bei zusätzlichen Downloads gesetzt sind. Dieses Vorgehen spart im Endeffekt mehr Zeit als das schnelle Akzeptieren von AGBs und Download-Optionen, da man nicht im Nachhinein mühsam Programme suchen und deinstallieren muss. Wer ein Programm wieder loswerden will, kann über den Weg »Systemsteuerung → Programme und Systeme → Programme« die nicht benötigten oder gewollten Elemente deinstallieren.

Passwörter | Eins vorweg: Befestigt NIEMALS Eure Passwörter an Eurem Bildschirm, sondern legt sie in einer Worddatei ab oder bewahrt sie in Eurer Schreibtischschublade auf. Und bitte wählt etwas anderes als »1−2−3−4−5−6« oder »Password«. Ja, das sind tatsächlich die weltweit meist verwendeten Passwörter! Ihr werdet vielleicht lachen, aber das ist der Stoff aus dem große, reale Betrugsfälle gestrickt sind. Der Mensch hinter dem Computer ist meistens die größte Sicherheitslücke. Nun da das geklärt ist, geben wir Euch noch ein paar weiterführende Sicherheitsinstruktionen: Ein regelmäßiges Wechseln von Passwörtern ist nicht unbedingt vonnöten, wenn man starke und vor allem individuelle Passwörter kreiert. Das heißt für jeden Email-Account und jeden Onlineshop einen einzigartigen Schlüssel erstellen, der Nummern, Buchstaben und Sonderzeichen enthält und mindestens acht Stellen lang ist. Doch so sicher Kombinationen wie »X34*pl6'ap#« oder »kMK7dsdjw23ä+« sind − merken lassen sie sich schwer. Eine Möglichkeit, dem Gedächtnis auf die Sprünge zu helfen, ist, sich Eselsbrücken zu überlegen. So kann man sich beispielsweise das Passwort »Ik7E+v9$« durch den Merksatz »**I**ngo **k**ocht **7 E**ier **+** (und) **v**erdient **9 $** (Dollar)« in Erinnerung rufen. Die Kreativen unter uns können sich ganze Romane überlegen, die ihre verschiedenen Passwörter widerspiegeln. Für diejenigen, deren Gedächtnis eher dem Modell Sieb entspricht, empfiehlt sich ein Passwortmanager, zum Beispiel *KeePassX,* den man sich auf den Computer runterladen kann. Der Passwortmanager speichert wie in einem Safe alle Zugänge und ist nur mit einen Master-Passwort, also einem streng geheimen Safe-Code, zugänglich. Das Programm hilft bei der Erstellung von individuellen, bombenfesten Passwörtern. Das Master-Passwort muss natürlich besonders stark sein und darf niemals notiert oder verraten werden, sonst sind auf einen Schlag alle Accounts zugänglich.

Alternativ kann eine Schlüsseldatei, die einen individuellen Code enthält, angelegt und zum Beispiel auf einem USB-Stick gespeichert werden, den man selbstverständlich nie aus der Hand geben darf.

2-Schritte-Authentifizierung | Wo wir gerade bei der Schlüsseldatei sind: Diese Datei kennen zum Beispiel diejenigen, die ihre Einkommensssteuererklärung in Deutschland online über das ELSTER-Portal machen. Bei der ELSTER-Registrierung wird einerseits eine Schlüsseldatei angelegt, die der Nutzer herunterladen und speichern kann. Um sich in das Portal einzuloggen, wird die Datei jedes Mal benötigt, muss also auf dem Computer gefunden werden. Daneben bekommt man per Post ein weiteres Passwort zugesendet, das ebenfalls für das Log-In erforderlich ist. Nur mit beiden Angaben kann ein Zugriff auf das ELSTER-Konto erfolgen. Bei diesem Vorgehen handelt es sich um ein Beispiel der 2-Schritte-Authentifizierung, die als sehr sicher gilt, denn zwei auf verschiedenen Wegen übermittelte und gespeicherte Passwörter lassen sich wesentlich schwerer knacken als ein auf einem fremden Server gespeichertes Passwort. Ein weiteres Beispiel wäre die Authentifizierung beim Online-Banking durch ein Passwort und eine auf das Handy geschickte TAN (Transaktionsnummer), ohne die eine Überweisung nicht möglich ist. Fazit: Wenn es das Angebot gibt, nutzt unbedingt die Möglichkeit der 2-Schritte-Authentifizierung. Natürlich kann immer noch jemand Eure Post abfangen oder den USB-Stick mit der Schlüsseldatei stehlen. Aber für diesen Aufwand müsstet Ihr vermutlich einige Steuerleichen im Keller oder Millionen auf der Bank haben (oder jemand möchte sehr gerne Eure Einkommenssteuererklärung machen) und dann solltet Ihr sowieso lieber einen professionellen Sicherheitsdienst beauftragen.

Antiviren-Software | Antiviren-Software ist bei Anwendern hoch angesehen und erhöht das Sicherheitsempfinden. Tatsächlich schaden handelsübliche Programme nicht, sie machen den Computer eventuell etwas langsamer oder melden sich mit Warnhinweisen, wenn andere Programme installiert werden sollen. Ob sie wirklich nötig sind, darüber gehen die Meinungen auseinander. Meistens reicht es, keine Emails und vor allem keine Anhänge von unbekannten Absendern zu öffnen, keine dubiosen Seiten anzuklicken und keine fragwürdigen Dateien herunterzuladen. Da diese jedoch manchmal nicht ersichtlich sind und sich hinter einer harmlos aussehenden Text- oder Bilddatei Übles verbergen kann, ist ein Antivirenprogramm nicht der schlechteste Warnmechanismus. Hier gilt übrigens, doppelt hält nicht besser – ein Virenprogramm ist absolut ausreichend und der Nutzer darf gerne auf kostenlose Angebote bekannter Anbieter zurückgreifen.

Weitere einfach umsetzbare Tipps zum sicheren Surfen

Cookies | Cookies sind im Webjargon keine leckeren Kekse, sondern Textdateien, die auf dem Computer des Nutzers gespeichert werden und zum Beispiel dafür verantwortlich sind, dass sich Websites Passwörter merken oder der Onlinehändler *Zalando* weiß, welche Schuhe Ihr Euch als letztes angeschaut habt. Das macht die Navigation im Netz einfacher und erleichtert die Benutzung komplexer Websites. Im dümmsten Fall kommunizieren die kleinen Kekse jedoch mit ihrer Herstellerfirma und verraten als trojanische Pferde nicht nur, welche Produkte man sich angesehen hat. Laut Edward Snowden wurden Cookies zum Beispiel von der NSA zum Ausspionieren fremder Computer genutzt.

Verhindern kann man die Arbeit der Cookies direkt in den Einstellungen des verwendeten *Webbrowser*s. Im *Mozilla Firefox* wählt Ihr zum Beispiel unter der Rubrik »Datenschutz« , dass *Firefox* niemals eine Chronik anlegen soll. Unter diesem Punkt im Webbrowser können auch bereits gespeicherte Cookies angesehen und gelöscht werden.

Gespenster entdecken | Überwacht werden unsere Bewegungen auf Websites nicht nur durch Cookies, sondern zusätzlich durch Dienste, die im Hintergrund unsere Bewegungen auf Websites aufzeichnen und analysieren. (Das geschieht zum Beispiel mit Zählpixeln, das sind kleine grafische Elemente auf Websites und in *HTML*-Emails.) Außerdem gibt es noch Analysedateien von Werbeanbietern, die unbemerkt mitlaufen oder auch Interaktionsflächen der Social Media-Anbieter wie dem »Gefällt mir-Button« von *Facebook*. Diese Gespenster verfolgen oft nicht nur, was wir uns auf der betreffenden Seite anschauen, sondern auch, wie wir auf die Seite gekommen sind, ob wir sie über *Google* gefunden haben, welche Links wir anklicken und was wir danach besuchen. Programme wie *Ghostery* oder *NoScript* blockieren diese externen Dienste und verhelfen somit zu mehr Privatsphäre beim Surfen. Ihr könnt Euch diese Programme einfach auf dem Computer installieren und werdet erstaunt sein, welche Auflistung der aktiven Analysedateien und -anbieter bei Euch mitlaufen, die meist nicht auf den ersten Blick erkennbar sind. In einem Browser erkennt *Ghostery* beispielsweise auf *ZEIT online* vier aktive Webtracker, auf der populären US-amerikanischen Unterhaltungsseite *Buzzfeed* sogar 13. Da mit *Ghostery* und besonders *NoScript* auch nützliche Skripte blockiert werden, kann es allerdings zu Funktionseinschränkungen kommen, wenn zum Beispiel plötzlich die Überschriften verschwinden, da sie als externer Inhalt eingestuft werden. Es besteht jedoch die Möglichkeit, einzelne Funktionen wieder freizuschalten. Beide Programme vertragen sich übrigens nicht besonders gut, wenn sie gleichzeitig auf dem Computer installiert sind, und auch mit Werbeblockern, die als Browser-Plugins ungewollte Werbung ausschalten, kommen sie sich manchmal in die Quere. Hier muss man prüfen, welche Plugins am nützlichsten sind und welche dann doch den Surfspaß zu sehr verderben.

Für Fortgeschrittene: Datenverschlüsselung

Nun, da unsere Passwörter sicher unter Verschluss liegen und wir uns unliebsamen Gästen entledigt haben, können wir uns den Feinheiten der Datenverschlüsselung widmen. Unser Safe ist sozusagen verschlossen, die Tür verriegelt, jetzt ziehen wir auch noch die blickdichten Vorhänge zu und pflanzen Koniferen, um uns vor unerwünschten Blicken zu schützen und in Ruhe und Frieden unseren Hobbies und Leidenschaften nachzugehen. Emails werden täglich im Privatleben und Beruf genutzt, deshalb konzentrierten sich die Datenschutzaktivisten in den vergangenen Jahren vermehrt darauf, die Email-Verschlüsselung mithilfe der so genannten *PGP*-Software zu etablieren. *PGP*, das steht für »Pretty Good Privacy«, also immerhin eine ziemlich gute Privatsphäre. Denn vielen Nutzern ist nicht bewusst, dass Mail-Accounts zwar passwortgeschützt sind, die Emails an sich aber an vielen Zwischenstationen gespeichert werden können und leicht durchsuch- und abfangbar sind. Die Bundeszentrale für politische Bildung vergleicht das Versenden der Email etwa mit dem Abschicken einer Postkarte.

Email-Verschlüsselung mit PGP

PGP wurde bereits in der 1990er Jahren entwickelt und bildet noch heute den Standard der Mailverschlüsselung. Die großen Email-Anbieter *web.de* und *gmx.de* haben mittlerweile Verschlüsselungssoftware in ihre Web- und Smartphone-Angebote integriert.

Diese kann, wenn man die Apps oder die Browser *Firefox* und *Google* verwendet, unter dem Pfad »Einstellungen → Sicherheit → Verschlüsselung« aktiviert werden. Daraufhin muss das Software-Plugin und ein Passwort für die Verschlüsselung gewählt werden. Diese Methode bietet einen unkomplizierten Weg, um für mehr Sicherheit zu sorgen, macht aber nur Sinn, wenn man mit Personen kommuniziert, die auch Konten bei den *PGP*-unterstützenden Anbietern besitzen.

Die Verwendung von *PGP* über Browser oder Plugins ist nun also möglich. Zur Verschlüsselung ist jedoch eine Kombination mit einem Email-Client üblicher, also einem Programm, mit dem Emails unterschiedlicher Anbieter automatisch versendet und verwaltet werden können, zum Beispiel *Mozilla Thunderbird* oder standardmäßig *Outlook* aus den Office-Anwendungen von *Microsoft*. Die Anschaffung eines Email-Clients ist unabhängig von *PGP* eine Überlegung wert, da man zum Abruf der Website keinen Browser öffnen muss, sich vor lästiger Werbung schützt und automatisch potentiell gefährliche Inhalte und Spam-Mails gefiltert werden.

Wie wird diese Verschlüsselung nun durchgeführt? Ein kostenlos verfügbares Programm zur Verschlüsselung ist *GnuPG*. In Verbindung mit *GnuPG* kann der Email-Client *Thunderbird* beispielsweise Mails asymmetrisch verschlüsseln, indem der Sender und der Empfänger je einen öffentlichen und einen privaten digitalen Schlüssel erhalten, das heißt es entsteht ein digitales Schlüsselpaar. Bei der symmetrischen Verschlüsselung würden Sender und Empfänger über einen gemeinsamen Schlüssel, zum Beispiel das Passwort „123/xkM#" verfügen, um die Mail zu ver- und zu entschlüsseln. Dieses Vorgehen ist ziemlich anfällig, sobald ein Dritter an den Schlüssel kommt, weswegen die asymmetrische

Verschlüsselung bevorzugt wird, auch wenn der Vorgang kompliziert und zunächst schwer verständlich ist.

Sender und Empfänger haben also je einen öffentlichen und einen privaten Schlüssel. Der öffentliche Schlüssel kann ohne Bedenken über verschiedene Wege weitergegeben werden und dient der Verschlüsselung der Nachricht. Oft wird er auf einem öffentlichen Server, der extra für diese Schlüssel angelegt wurde, hinterlegt, damit auch mit Personen Kontakt aufgenommen werden kann, mit denen der Schlüsselinhaber vorher noch nicht kommuniziert hat. Die Nachricht kann jedoch nur mit dem privaten Schlüssel des Empfängers wieder entschlüsselt werden, das heißt selbst der Sender kann die Nachricht am anderen Ende mit seinem privaten Schlüssel nicht mehr öffnen.

Diese privaten Schlüssel müssen wiederum mit einem Passwort geschützt werden. Die Schlüssel sollten eine bestimmte Länge haben, dann gilt die *PGP*-Verschlüsselung als sehr sicher.

Also nochmal zusammengefasst die Schritte der Email-Verschlüsselung:

1. *GnuPG* installieren
2. Schlüsselpaar erstellen
3. Öffentliche Schlüssel tauschen
4. Verschlüsselte Emails austauschen

Das mag sich jetzt abstrakt anhören, aber wenn Ihr die einzelnen Schritte der Installation durchgeht, wird gut ersichtlich, was zu tun ist.

Alles Verschlüsseln hilft natürlich nichts, wenn man die Mails unverschlüsselt abspeichert oder weiterleitet, das Passwort oder der private Schlüssel verloren geht oder man auf einen Webmail-Dienst angewiesen ist, der keine verschlüsselten Mails anzeigen kann.

Die Zugangshürde ist demzufolge weiterhin recht hoch, obwohl sich gerade in Anbetracht des neuen Gesetzes zur Vorratsdatenspeicherung der Mehraufwand lohnen könnte. Alleine macht das Mail-Verschlüsseln keinen Sinn und viel weniger Spaß. Also warum nicht Freunde, Familie oder Arbeitskollegen zusammentrommeln und eine »CryptoParty« veranstalten?

CryptoParties – »Party like it's 1984«

»Alles klingt besser, wenn Bier versprochen wird«, das wissen auch die Initiatoren der CryptoParty-Bewegung. 2013 gestartet, haben es sich die Initiatoren in den Kopf gesetzt, Interessierten die Grundlagen der Verschlüsselung, des sicheren Surfens und der Festplattensicherung in ungezwungener Atmosphäre mit Fokus auf *Open Source* Software nahezubringen. Die erste Party fand in Australien als Reaktion auf Bestrebungen des australischen Parlaments statt, eine umfassende Vorratsdatenspeicherung einzuführen. Mittlerweile fanden hunderte CryptoParties auf der ganzen Welt statt und es existiert ein 400(!)-Seiten starkes Handbuch, das als Anleitung für die Organisation eigener Veranstaltungen dienen kann. Als langfristiges Ziel soll ein »Web of Trust« (Netz des Vertrauens) entstehen, dass zum Beispiel den Austausch von Schlüsseln und die Authentifizierung von Nutzern verbessern soll. Aber auch weniger abstrakte Themen wie das möglichst sichere Surfen im Netz, die abhörsichere Einrichtung von Telefongesprächen und das ungestörte Teilen von Daten werden angesprochen. Die Workshops sind kostenlos, Termine findet Ihr auf der Homepage der Bewegung. Diese Seite *https://www.cryptoparty.in/parties/upcoming* bietet auch gute Informationen und Anleitungen für Einsteiger, die sich erst einmal zuhause mit der Thematik beschäftigen möchten.

CHAOS COMPUTER CLUB

Wie die Hacker im Establishment ankamen

1981 gegründet

Das Motto des Chaos Computer Clubs, des größten europäischen Hacker-vereins, lautet: »Öffentliche Daten nützen, private Daten schützen.« Seit seiner Gründung beschäftigen sich die Mitglieder mit einer ganzen Reihe von digitalen Themen, die von der Politik und der Wirtschaft ihrer Meinung nach nicht kritisch genug beleuchtet oder zu voreilig als unbedenklich eingestuft werden. Dazu gehören beispielsweise die Elektronische Gesund-heitskarte, NSA & Konsorten, der Staatstrojaner, Vorratsdatenspeicherung, Netzneutralität und Wahlcomputer. Die Forderungen nach Informationsfrei-heit und die unabhängige Prüfung digitaler Technologie machen den Club zu einem wichtigen Kontrollorgan, das der IT-Branche gerne mal auf die Finger klopft. Es geht darum, Schwachstellen sichtbar zu machen, damit diese zum Wohle von uns allen verbessert werden können. Inzwischen gelten die Mitglieder als gefragte Spezialisten für Datenschutz und Sicher-heitsfragen. Das war allerdings nicht immer so.

Als im Jahr 1981 der Aufruf von fünf Computerfreaks zu einem »Komputerfriektreffen« in den Redaktionsräumen der taz erschien, galten Computer noch als äußerst exotisch. Trotzdem erschienen am 12. September 1981 über 20 Interessierte zu diesem Treffen, das heute als Startschuss für die Entwicklung des CCC gilt. Von Anfang an standen auf der Agenda: Transparenz, Engagement für Netzpolitik sowie Diskus-sionen über Copyright und Datenrecht.

Auf einen Schlag berühmt wurde der CCC mit dem »BXT-Hack«. Im November 1984 gelang es Mitgliedern des Clubs das angeblich »vollkommen sichere« Bildschirmtext-System (BXT), das Onlinenetzwerk der Deutschen Bundespost, zu knacken. Sie nutzten einen so genannten Pufferüberlauf (siehe Kapitel 2) zur Überlastung eines Speichers, um so an Fremddaten zu kommen. Auf diese Weise gelangten sie an nicht verschlüsselte Zugangsdaten und konnten ca. 135.000 D-Mark von der Hamburger Sparkasse auf das Konto des CCC transferieren. Als brave Hacker zahlten sie das Geld natürlich wieder zurück. Schließlich sollte auf diese Weise nur auf Sicherheitslücken des Systems aufmerksam gemacht werden.

Als 1987 herauskam, dass Daten aus einem als »NASA-Hack« betitelten Einbruch in ein von der NASA betriebenes Netz nach Osteuropa verkauft wurden, geriet der CCC ins Visier des Verfassungsschutzes. Dabei war es der dem Club nahestehende Hannoveraner Hacker Karl »Hagbard Celine« Koch gewesen, der, zusammen mit anderen Hackern, Daten aus Einbrüchen in diverse Computer-Netze an den KGB verkauft hatte. Der Bundesnachrichtendienst wurde auf den jungen Hacker aufmerksam, beschattete ihn und seine Mitstreiter monatelang und zerschlug die Hackergruppe schließlich im März 1989. Einige Monate später, am 1. Juni 1989 wurde die Leiche des damals erst 23-jährigen Koch in einem Waldstück in Niedersachsen gefunden. Bis heute ist nicht geklärt, ob Koch Selbstmord beging oder ermordet wurde.

Der CCC mag zwar mittlerweile im Establishment angekommen sein, aber von Altersmüdigkeit keine Spur: 2008 konnte der CCC die Manipulation von Wahlautomaten demonstrieren. Er zeigte damit, wie eine angeblich sichere Technik falsche Wahlergebnisse hätte liefern können. 2009 fertigten die gefragten Experten auf Wunsch des Bundesverfassungsgerichts ein Gutachten für die Sammelklage gegen das Gesetz zur Vorratsdatenspeicherung an. Mit Erfolg: Das Gesetz wurde gekippt. 2011 forderte die Bundesregierung den Einsatz einer umgangssprachlich »Staatstrojaner« genannten Software zur Online-Durchsuchung von IT-Systemen. Peinlich allerdings, als sich dank des CCC herausstellte, dass der Staatstrojaner über mehr Funktionen als rechtlich erlaubt, verfügte und außerdem von den Ausspionierten manipuliert werden konnte.

GET THE PARTY STARTED!

»There's no place like 127.0.0.1«
Zuhause in der digitalen Welt

WIR HABEN NUN ALSO EINE UNGEFÄHRE VORSTELLUNG DAVON, was Programmieren ist, wo im Computer es abläuft und kennen die wichtigsten Grundbegriffe. So spannend die Historie und die theoretischen Konzepte des Programmierens sind, die wahre Faszination zeigt sich vor allem, wenn sich die ersten selbst geschriebenen Zeilen Code auf dem Bildschirm in eine Website oder eine App verwandeln. Bevor es richtig losgeht und wir uns das Lernprogramm aussuchen, das am besten zu uns passt, ein paar grundsätzliche Tipps zum Einstieg.

Programmiersprachen bestehen wie jede natürliche Sprache der Welt aus Vokabeln und Syntax und das Lernen einer Programmiersprache unterscheidet sich im Wesentlichen nicht vom Lernen einer Fremdsprache. Es wird zwar im Verlauf eurer Programmierkarriere keine unangekündigte Vokabelkontrolle geben, aber das Wiederholen und Anwenden des Gelernten wird Euch genauso wenig erspart bleiben wie im Latein- oder Englischunterricht. Es ist natürlich vollkommen in Ordnung, wenn Ihr Euch die vorgeschlagenen Onlinekurse nur anschaut, ein paar Begriffe kennenlernt und zumindest wissend nicken könnt, wenn Eure Entwicklerfreunde in Zukunft von *Arrays* und Compilern reden. Vielleicht beeindruckt Ihr sie aber sogar, wenn Ihr demnächst von der letzten krassen DDoS-Attacke erzählt, genauso wie Ihr im letzten Spanienurlaub Euren Urlaubsflirt mit einem »¡Tienes unos ojos hermosos!« überrascht habt. Wenn Ihr jedoch über das programmiersprachliche Äquivalent zum Urlaubsspanisch hinauskommen möchtet, heißt es Zähne zusammenbeißen. Es wird Phasen geben, in denen Ihr Euren Computer verfluchen werdet und Tage, an denen Codes keinen Sinn ergeben zu scheinen. Umso mehr werdet Ihr Euch freuen, wenn Ihr merkt, wie Gedankenknoten langsam platzen und Schleifen plötzlich nicht mehr endlos sind, versprochen! Hier ein paar aus Schweiß und Tränen geborene Lernmaximen:

Regelmäßiges Üben ist das A und O – Aus eigener Erfahrung können wir sagen: Täglich 20 Minuten üben bringt mehr als ein achtstündiger Programmiermarathon alle vier Wochen. Genießt jedoch auch diese Phasen höchster Motivation. Manche Projekte lassen sich in wenigen Stunden umsetzen und nichts ist motivierender für die Zukunft als eine fertiggestellte Website oder App, denn diese können Euch auch an Tagen, an denen gar nichts klappt, daran erinnern, wozu Ihr fähig seid. Findet heraus, was Euch motiviert. Sind es Trophäen, die Ihr online für erreichte Ziele bekommt oder soll es schon ein Zertifikat der renommierten *Harvard University* sein? Braucht Ihr die Anerkennung Eurer Freunde? Dann lasst die Schüchternheit beiseite und zeigt allen online oder bei Eurem nächsten Kaffeekränzchen, was Ihr geschafft habt. Arbeitet dabei in Eurem eigenen Lernrhythmus und setzt Euch Eure eigenen Ziele, denn Ihr lernt in allererster Linie für Euch und sollt Spaß am Lernen haben. Programmieren ist eher mit

Yoga als mit 100-Meter-Sprints zu vergleichen, denn der Erfolg ist nicht an einen bestimmten Wert gekoppelt (außer man arbeitet bei einem erfolgsorientierten Unternehmen), sondern es kommt auf das Erreichen der selbst gesteckten Ziele an. Die saubere Ausführung der Übung ist dabei zentral, denn Programmiersprachen sind kleine Pedanten, die Euch keine vergessene Klammer und kein falsches Vorzeichen verzeihen. Je nach Temperament Eurer gewählten Sprache, könnt Ihr ewig nach dem Fehler, den Ihr gemacht habt, suchen. Im schlimmsten Fall hüllt sich der Fehlercode in mysteriöses Schweigen und Ihr versauert in der Finsternis des endlosen Loops. Drum prüfe, wer sich ewig bindet! (Siehe Psychotest)

Just do it – Die Wahrscheinlichkeit, von Anfang an mit den Starprogrammierern mitzuhalten, die schon mit zehn Jahren an einer neuen Sprache getüftelt haben, ist gering. Diese Erkenntnis kann durchaus befreiend wirken und man kann sich darauf konzentrieren, Spaß am kreativen Austoben und Werkeln zu haben. Das Wichtigste ist nicht, welche Programmiersprache oder welches Lernprogramm man auswählt, sondern dass man etwas auswählt. Wer Latein gelernt hat, wird sich schnell in die italienische oder spanische Sprache hineinfinden und diese Analogie trifft auch auf die digitalen Sprachen zu. Natürlich hat jeder Programmierer seine Lieblingssprache und steht anderen kritisch gegenüber, arbeiten lässt sich jedoch mit allen bekannten (siehe Kapitel 1).

Unverzichtbar ist allerdings ein grundlegendes Verständnis der englischen Sprache. Das heißt nicht, dass man James Joyces' Mammutwerk »Ulysses« vollständig im Original gelesen haben muss oder dass es keine anderssprachigen Angebote gibt, aber Englisch ist die lingua franca des Internets und damit auch der

Open Source-Angebote, der Onlinekurse und Gemeinschaften. Oder Ihr werdet die Pioniere der deutschsprachigen Tech-Gemeinschaft, das ist natürlich auch eine Option!

Die technischen Voraussetzungen für einen Erfolg beim programmieren lernen sind niedrigschwellig. Für die ersten Schritte reichen ein PC, ein Browser und eine stabile Internetverbindung. Für die Wahl des Betriebssystems ist vor allem die eigene Präferenz ausschlaggebend. Unter den Programmierern gibt es mehr Fans des *Linux-* und *Apple-*Betriebssystems, aber auch mit *Windows* lassen sich Apps programmieren und hübsche Websites zaubern und wenn es Probleme gibt, kann man sich sicher sein, dass bereits jemand eine Lösung gefunden hat. Apropos…

Suchmaschinen und Foren sind Eure Freunde – Dauernd tauchen kryptische Fehlermeldungen auf oder der Bug hat sich so gut versteckt, dass Ihr ihn nach stundenlanger Suche immer noch nicht gefunden habt? Die Wahrscheinlichkeit, dass irgendjemand auf der Welt in den vergangenen Monaten dasselbe Problem hatte, ist hoch und glücklicherweise gibt es Seiten wie *Stackoverflow. com*, wo eine sehr aktive Gemeinschaft zu nahezu jedem Malheur eine Lösung findet. Gebt einfach Euren Fehlercode ein oder die Lektion des Onlinekurses, in der Ihr gerade hängt. Ihr könnt auch einen eigenen Foreneintrag erstellen und somit später anderen helfen, die versuchen, eine ähnliche Nuss zu knacken. Es gilt die Devise: Es gibt keine blöden Fragen und wenn es doch zu genervten Reaktionen kommen sollte, bleibt gelassen, denn…

Haters **gonna hate** – Auf Eurem Weg wird es immer Menschen geben, die Euch belächeln oder auf Fragen unwirsch reagieren. Lasst Euch davon nicht entmutigen, Ihr setzt Eure eigenen Ziele.

Außerdem: Auch kleine Ideen können die Welt verändern und nach und nach zu etwas Großem werden. Das Wesen des Programmierens ist es, alltägliche Vorgänge leichter zu machen und mühsame Wiederholungen aus dem Leben der Anwender zu verbannen, sodass mehr Zeit für die glamourösen Dinge dieser Welt bleibt. Das heißt auch, dass ein relativ simples Programm, das Euch das Ausrechnen der Mehrwertsteuer abnimmt, ein legitimer Erfolg ist, auch wenn es vielleicht nicht so funkelnd strahlt wie andere Apps. Julias heimlicher großer Stolz ist gerade eine Anwendung, die automatisch die Leihfristen von Büchern ausrechnet und einen rote Ampel zeigt, wenn diese Daten überschritten werden.

Und zum Ende dieser Maxime noch ein Wort zum Sonntag: Auf allen Menschen lastet genug gesellschaftlicher Druck, Erfolge vorweisen zu müssen und diese zu präsentieren. Lasst das Programmieren möglichst im druckfreien Raum und erkennt die Leistung von anderen, aber genauso von Euch selbst an. Seid stolz auf das, was Ihr gebastelt habt und zeigt es anderen, denn auch wenn sich Eure Freunde oder Familien nichts aus Bits und Bytes machen, könnt Ihr zum Vorbild werden. Wir haben seit es die *Code Girls* gibt, noch keine Erfolgsapp programmiert (und das auch nicht wirklich versucht, so ehrlich müssen wir sein), aber wir haben unglaublich inspirierende Menschen getroffen, die wir sonst nie kennengelernt hätten, fühlen uns nach diversen Vorträgen ein kleines bisschen weniger als Hochstapler und sind alle zwei Wochen gespannt, was uns bei den Treffen erwartet und wer vorbeikommen wird. Wir hätten zwar nichts gegen das eine oder andere Programmier-Milliönchen auf dem Konto einzuwenden, aber für uns ist die Möglichkeit, zu experimentieren und motivierte Menschen zu treffen im Moment Erfolg genug. Auch wenn unsere Eltern das eventuell etwas anders sehen und sich fragen, wann wir endlich in einem richtigen Job Karriere machen …

Werdet Jäger und Sammler – Die *CSS3*-Transition-Effekte (zum Beispiel wenn Ihr mit dem Mauszeiger über einen Menüpunkt fahrt und die Überschrift wird von links nach rechts unterstrichen) auf Eurer Lieblingswebsite verzaubern Euch oder Ihr wollt wissen, wie die schicke Schriftart heißt? Seid neugierig und schaut Euch den Quelltext der Seiten an, also das *HTML*-Dokument, das die Grundlage der Website bildet. Es geht ganz einfach: Einen Rechtsklick auf einer beliebigen Stelle im Browserfenster ausführen, dann die Option »*Seitenquelltext anzeigen*« wählen. Tadaa: Code! Das Fenster mit dem Quelltext könnt ihr im Anschluss wie gewohnt schließen. Keine Angst: Ihr könnt im Quelltext nichts kaputt machen. Probiert die entsprechenden Codes gleich an Eurer eigenen Übungsseite aus oder legt Euch in einem Dokument (zum Beispiel im *TextEditor* oder in *Word*) eine Codeschnipsel-Sammlung an, auf die Ihr später zurückgreifen könnt. Wenn Ihr noch tiefer in die Materie fremder Seiten eintauchen wollt, nutzt die Entwicklerwerkzeuge, die mittlerweile alle gängigen Browser anbieten. Im *Mozilla Firefox* könnt Ihr zum Beispiel mit den Tasten `Strg`+`Umschalt`+`I` diese Funktion öffnen. Neben dem *HTML*-Dokument seht Ihr die dazugehörigen *CSS*-Elemente, die für die optische Gestaltung verantwortlich sind und *JavaScript*-Befehle, welche die Seiten dynamischer machen. Diese könnt Ihr jetzt verändern. Auch hier keine Panik: Wenn Ihr die in den Entwicklerwerkzeugen sichtbaren Dateien bearbeitet, könnt nur Ihr die Änderungen sehen. Die Spielereien mit den Entwicklerwerkzeugen im Browser werden Eure Lieblingsseite also nicht zum Kollabieren bringen.

Bildet Banden – Sich in digitalen Räumen zu bewegen, macht Spaß, aber noch motivierender ist es, von Zeit zu Zeit ein reales anerkennendes Lächeln statt nur eines :) zu sehen oder sich über Projekte, Fehler und Lernprogramme »im richtigen Leben« auszutauschen. In Großstädten gibt es schon diverse gut vernetzte Lerngruppen, die sich immer über neue Mitglieder freuen. Wenn nicht, startet eine eigene Gruppe oder organisiert einen Einsteigerworkshop. Inserate auf Kleinanzeigenseiten, Schwarzen Brettern und handkopierte Flyer reichen zunächst, um Interessierte zu finden. Eine eigene Website zu bauen, könnte zum Beispiel das erste Projekt Eurer Gruppe werden. Ein positiver Nebeneffekt der Workshop-Organisation ist, dass Ihr einen Einblick in Felder wie die Entwicklung von Themen und die Konzeption von Abläufen, in die Öffentlichkeitsarbeit, die Sponsorenakquise und die Budgetplanung bekommt. Das kann sowohl im Berufsleben als in privaten Zusammenhängen nützlich sein. Scheut Euch nicht, bereits aktive Gruppen nach Hilfe oder Vorlagen für Budgettabellen oder Checklisten zu fragen. So kommt Ihr auch gleich mit der Tech-Gemeinschaft in Kontakt.

Checklist zur Workshop-Organisation

Was Ihr benötigt

- *mindestens zwei Monate Vorlauf* ✓
- *Coaches/Trainer, also Frauen und Männer vom* ✓
  Fach, die ihr Wissen gerne teilen möchten. Rechnet
  mit einem Coach auf zwei bis drei Teilnehmer, um ein
  angenehmes und effektives Arbeiten zu ermöglichen.
- *mindestens zwei Mitstreiter für die Organisation* ✓
- *Räumlichkeiten mit genügend Steckdosen und* ✓
  Internetzugang
- *ein gut geplantes Budget* ✓
- *Werbematerialien* ✓

Sponsoren (optional, aber hilfreich)
    • IT-Firmen, Werbeagenturen oder Kreativbüros, aber auch Bildungseinrichtungen in Eurer Region kommen als Sponsoren in Frage.
    • Traut Euch, nach Unterstützung zu fragen! Mehr als Nein sagen können die möglichen Sponsoren nicht. Außerdem profitieren auch die Firmen von der positiven Außenwirkung des Sponsorings, Ihr bietet also etwas und seid nicht nur Bittsteller.
    • Dazu schreibt Ihr am besten eine Anfrage an die für die Öffentlichkeitsarbeit Zuständigen in den Unternehmen.
    • In der Anfrage stellt Ihr Euer Vorhaben vor und schreibt kurz etwas zu Euch als Organisatoren.

• Sponsoren können Euch mit Geld unterstützen, falls Ihr über ein Vereinskonto verfügt, aber natürlich sind auch bestimmte Sachleistungen hilfreich, beispielsweise eine technische Ausrüstung oder Verpflegung. Da wir als *Code Girls* über kein Vereinskonto verfügen, bestätigen uns die Sponsoren per Email die Übernahme von Catering-Kosten oder ähnlichem und begleichen die Rechnung direkt an den Anbieter.

• Bietet für das Sponsoring eine Gegenleistung wie Sponsorentalks und/oder die Platzierung von Logos auf Eurer Website an, aber verhindert, dass Eure Veranstaltung einen Kaffeefahrtcharakter bekommt.

• **Achtung:** Viele Unternehmen verplanen ihr Budget schon Monate, wenn nicht gar Jahre vorher. Plant für die Sponsorenakquise von vielen und populären Sponsoren genug Zeit in der Workshop-Organisation ein.

• Grundsätzlich ist auch die Einnahme von Eintrittsgeldern legitim. Bisher haben wir jedoch von dieser Finanzierungsoption abgesehen, um möglichst vielen Personen unabhängig vom finanziellen Hintergrund die Teilnahme zu ermöglichen.

Coaches

• Erkundigt Euch bei lokalen Entwicklergruppen, Informatik-Fachschaftsräten und Hackerspaces nach Leuten, die gerne coachen möchten. Auch hier gilt: Fragen kostet nichts!

• Wenn Ihr keinen Coach findet, fragt andere Programmierlerngruppen, die Euch potenzielle Coaches aus der Region empfehlen können.

• Macht deutlich, dass Ihr wahrscheinlich nichts zahlen könnt. Es kann aber gut sein, dass Ihr trotzdem jemanden findet. Programmierer sind Überzeugungstäter! Aber angemessen ist es natürlich schon, wenn man die Reisekosten und die Verpflegung des Coaches während des Workshops übernehmen kann. Das ist eine konkrete Leistung, die bei einem Sponsoren Unterstützung finden könnte.

• Wenn es möglich ist, dann organisiert im Vorfeld einen Informationsabend mit den Coaches, um Erwartungen an den Workshop und dann die Agenda abzuklären.

Öffentlichkeit

• Sendet mindestens einen Monat vorher eine Pressemitteilung an Lokalzeitungen, Veranstaltungskalender, Stadtmagazine, Bürgerradios und Websites mit lokalem Fokus. Vielleicht fragt Ihr Euch: Warum sollten die Medien darüber berichten? Durch die Medienpräsenz erreicht Ihr potenzielle Teilnehmer und Sponsoren und Eure Organisation wird bekannter und damit attraktiver für Unterstützer.

In der Pressemitteilung steht, was genau geplant ist, wer an dem Workshop teilnehmen wird und Ihr formuliert eine knappe Beschreibung über Euch als Organisatoren. Bietet in der Pressemitteilung an, Interviews zu geben und verweist auf die Möglichkeit für Journalisten, sich am Veranstaltungstag einen persönlichen Eindruck zu verschaffen.

• Klassische Mittel wie Flyer und Aushänge erreichen Menschen, die nicht aktiv auf Social Media-Kanälen sind, aber trotzdem Interesse an Programmier-Workshops haben.

• *Facebook* und *Twitter* sind super Werbekanäle. Ihr könnte die Werbung natürlich über Eure eigenen Accounts laufen lassen. Eine eigens für Eure Programmiergruppe vorgesehene *Facebook*-Seite oder einen eigenen *Twitter*-Account solltet Ihr aber nur einrichten, wenn Ihr genügend Zeit habt, diese auch zu betreuen.

Unbetreute Social Media-Präsenzen sehen traurig und vernachlässigt aus und sind eher schädlich für die Außenwirkung.

Catering (optional, aber gern gesehen)
- Stellt mindestens zwei Drittel vegetarische Speisen zur Verfügung, am Ende bleiben immer die Wurstbrötchen übrig, weil Fleischesser plötzlich Appetit auf Käse verspüren.
- Bucht für den Abend des Workshops einen Tisch in einem Café oder einer Bar zum informellen Austausch. Hier können auch noch weitere Kontakte geknüpft werden. Gebt dem Café oder der Bar zunächst eine ungefähre Gästezahl und korrigiert diese im Laufe des Workshop-Tages. Und vergesst nicht abzusagen, falls Ihr zu kaputt für einen Absacker seid oder Euch verspätet!
- Klärt unbedingt im Vorfeld, wie einzelne Positionen bei der Workshop-Organisation bezahlt werden müssen. Bei manchen Cateringunternehmen kann man eine Kostenübernahme der Sponsoren einreichen, andere verlangen das Bezahlen bei Lieferung, dann müsst Ihr im Vorfeld schon Bargeld besorgt haben. Wichtig ist, dass Ihr Euch für die Buchhaltung überall Quittungen geben lasst.

Professioneller werden?
Wenn Ihr viele Workshops plant, könnte sich die Eintragung eines Vereins lohnen. Das würde Euch die Möglichkeit geben, Spenden einzusammeln und Geldgebern Spendenquittungen auszustellen (ein solcher Verein muss vom Finanzamt bestätigt werden). Zusätzlich könnten dann auch Fördergelder beantragt werden.

Fotos machen!

- Fotos sind wichtige Erinnerungen und nützlich für Eure Öffentlichkeitsarbeit.
- Weist die Teilnehmer aber zu Beginn unbedingt darauf hin, dass Fotos gemacht werden oder holt Euch ihre Zustimmung schon bei der Anmeldung.

Vom Workshop zur Bewegung:
Die *Rails Girls* erobern die Welt

Heute Finnland, morgen die Welt – als sich die Finninnen Linda Liukas und Karri Saarinen im Jahr 2010 entschlossen, die *Rails Girls* zu gründen und Workshops für Programmiereinsteigerinnen zu organisieren, war nicht absehbar, dass sich in kurzer Zeit Tausende auf dem Globus für die Idee begeistern würden. Doch schon die erste Veranstaltung in Helsinki lockte mehr als 100 Teilnehmerinnen an und strafte damit die Kritiker Lügen, die behaupteten, dass programmieren ein typisch männliches Hobby und Beschäftigungsfeld sei. Die *Rails Girls* sind ganz Teil einer zeitgenössischen Popkultur: ein bisschen schräg und doch mit enormer Attraktivität für eine große Gruppe. Bereits in ihrem Auftreten treffen sie den richtigen Ton. Dieser besteht aus einer Mischung aus sowohl coolem wie niedlichem Corporate Design mit hohem Wiedererkennungswert. Außerdem überzeugt ihr durchdachtes und länderübergreifend anwendbares Workshop-Konzept, in dem die *Rails Girls* in einem anderthalbtägigen Workshop die Grundlagen des Programmierens vermitteln. Dabei lernen die Teilnehmerinnen mit der Programmiersprache *Ruby* und dem dazugehörigen Framework *Rails* umzugehen. Darüber hinaus werden Abstecher in die Anwendung von *HTML/CSS* oder je nach Interessenslage in die Gefilde des Backends gemacht, wenn zum Beispiel das Anlegen von Nutzerkonten vermittelt wird. In der Zeit des Workshops entsteht eine ganze Webapp (wie beispielsweise eine To-Do-Liste) vom Konzept bis zum fertigen Code, die sich zuhause beliebig erweitern lässt. Im Rahmen der

Workshops wird großer Wert darauf gelegt, dass ausschließlich Open Source-Programme zum Einsatz kommen, was zeigt, dass auch ohne monetären Einsatz der Einstieg ins Programmieren möglich ist.

Die Kurse werden von engagierten Interessentinnen selbst organisiert, wobei ein Netzwerk aus *Rails Girls*-Alumni stets mit Rat und Tat sowie Infomationsmaterialien zur Seite steht. Da die Zugangsbarrieren möglichst niedrig gehalten werden sollen, kosten die Workshops kein Geld, das heißt, alle Organisatoren und Coaches arbeiten ehrenamtlich und die Verpflegung und Räume werden idealerweise durch Sponsoren zur Verfügung gestellt. Diese Vorgaben sollen dazu anregen, mit der lokalen Tech-Szene in Verbindung zu treten, dadurch Berührungsängste abzubauen und möglicherweise sogar Praktikumsplätze oder Jobs für die eine oder andere Teilnehmerin zu ergattern. Mittlerweile vergeben die *Rails Girls* in Kooperation mit verschiedenen Tech-Unternehmen im Rahmen des jährlichen Summer of Code sogar mehrmonatige Stipendien, durch die Einzelpersonen oder Teams ihre Programmierprojekte unter der Schirmherrschaft eines erfolgreichen Unternehmens entwickeln können.

Natürlich ist auch diese Vorzeigeorganisation nicht perfekt: Manchen stößt die Wirtschaftsnähe der *Rails Girls* auf. Die Qualifikation der Teilnehmerinnen, um bessere Chancen auf dem Arbeitsmarkt zu haben, scheint mehr im Fokus zu stehen als die Partizipation am Aufbau eines Internets für alle. Auch die Arbeitsmaterialien wirken auf einige doch etwas zu quirlig-girly und bedürften vielleicht einer Überarbeitung, um nicht mehr ganz so mädchenhaft zu wirken. Wir finden aber, dass es für beide Seiten – die Organisatorinnen und Teilnehmerinnen – zur Zeit kein einfacheres und anfängerfreundlicheres Workshop-Konzept gibt.

Die internationale Zusammenarbeit unter den verschiedenen *Rails Girls*-Gruppen und die nach unserer Erfahrung immer positive Resonanz führen fast unwiderruflich dazu, dass aus einem Workshop schnell zwei oder drei werden.

Der Erfolg der Workshops spricht für sich. Auf *railgirls.com* sieht man, dass allein im September 2015 Events in folgenden Städten auf der ganzen Welt stattfanden: Bratislava / Slowakei, Chengdu / China, Kobe / Japan, Recife / Brasilien, Belo Horizonte / Brasilien, Tokyo / Japan, Braga / Portugal, Xi'an / China, Peking / China, Frankfurt / Deutschland, Porto Alegre / Brasilien, Tampere / Finnland, Houston / USA. Ist Eure Heimatstadt schon dabei gewesen? Wenn nicht, können wir aus eigener Erfahrung sagen, dass es sich lohnt, nicht weiter darauf zu warten, dass jemand anderes sich ein Herz fasst, sondern selbst unter die Organisatorinnen zu gehen. Am Ende werden sich die zwei, drei Monate Vorbereitungsstress ganz sicher gelohnt haben, wenn man am Abschlussabend bei einem kühlen Getränk betrachtet, was die Teilnehmerinnen in der kurzen Zeit gelernt haben und man sich in der ewigen Liste der weltweiten *Rails Girls*-Workshops verewigen kann.

Jetzt geht's (endlich) los: Lernprogramme für jeden Typ

Das Schöne am Programmieren lernen ist die große Auswahl an Lernangeboten. Das Schwere ist, eine Wahl für sich selbst zu treffen. Am besten ist es, einfach verschiedene Angebote auszuprobieren und sich anschließend dem zu widmen, mit dem man sich am wohlsten fühlt. Da alle hier aufgeführten Angebote kostenlos sind, sind Zeit und Lust die einzigen Ressourcen, die man benötigt, um in die Welt des Programmierens zu starten. Hier ein paar Kurse, die wir getestet und für gut befunden haben:

Für Jugendliche und Junggebliebene: *Scratch*
scratch.mit.edu

Vom angesehenen Massachusetts Institute of Technology (kurz MIT) an der Ostküste der USA für Jugendliche entwickelt, erleichtert *Scratch* auch dem älteren Semester den Einstieg. *Scratch* bringt das Programmieren von kleinen Animationen und Spielen bei, ohne zu überfordern oder unangenehm an den Informatikunterricht zu erinnern. So entsteht fast nebenbei ein Verständnis für wichtige Grundkonzepte wie Schleifen oder if-else-Ausdrücke. Die Nutzer können selbst wählen, was sie wie animieren oder programmieren wollen. *Code Girl* Inga erstellte zum Beispiel ein *Simpsons*-Spiel, bei dem Homer Simpson Donuts fangen muss und bestraft wird, wenn er stattdessen Bananen fängt. Das klingt zunächst einfach, beinhaltet aber schon recht komplexe Elemente wie eine Zählfunktion, die hoch zählt, wenn Donuts, beziehungsweise runter, wenn Bananen berührt werden. Positiv hervorzuheben ist, dass die Quelltexte aller Spiele eingesehen werden können und verschiedene Sprachversionen (auch Deutsch) der *Scratch*-Website existieren.

Für Ästheten: Paper.js
paperjs.org

Paper.js (die Endung .js steht für *JavaScript*) richtet sich an die Künstler unter uns, die den leeren Bildschirm als eine Leinwand begreifen, die durch ihre Kreativität verschönert werden soll. Ziel ist es, das Internet zu einem hübscheren Ort zu machen. Mit Hilfe der Programmiersprache *JavaScript* werden Jackson Pollock-artige Gemälde und Grafiken entwickelt, Mauszeiger optisch verändert und Animationen live im Browser erstellt. Sehr schick, sehr nutzerfreundlich und einfach für die eigenen Zwecke adaptierbar.

Der Klassiker: Codecademy

codecademy.org

Codecademy besticht durch eine große Auswahl an Kursen, durchdachte Curricula und eine aktive Community sowie viele weiterführende Projekte, die praxisnah über das Einsteigerniveau hinausführen. Man kann Schritt für Schritt und im eigenen Tempo lernen, eine Website zu bauen, auch Einführungen in das Benutzen der Kommandozeile und in die am weitesten verbreiteten Programmiersprachen werden angeboten. Und wer wissen will, wofür man eigentlich APIs nutzen kann, bekommt auf *Codecademy* eine ausführliche Erläuterung mit praxisnahen Beispielen.

Für Disziplinierte: Der Harvard-edX-Kurs

edx.org/course/introduction-computer-science-harvardx-cs50x

Wir gestehen: Wir haben kapituliert und das schon in der dritten Lektion des Harvard-Kurses. Vermutlich waren wir mit unserer *Laissez Faire*-Einstellung nicht hart genug für das Online-Studium an der Eliteuniversität. Aber für ambitionierte angehende Programmierer ist der Kurs »Introduction to computer science« perfekt, um von den Basics wie dem *ASCII*-Code über *C* bis hin zur Web-Entwicklung alles genauer zu verstehen, was wir in diesem Buch nur kurz anschneiden konnten. Der Kurs besteht aus Video-Vorlesungen mit Professor David J. Malan, der rhetorisch versiert und unterhaltsam abstrakte Konzepte und Grundlagen erläutert. Daneben werden praktische Übungen angeboten, die von verschiedenen Tutoren geleitet werden. Beim Erstellen der Hausaufgaben können die Teilnehmer testen, ob sie alles verstanden haben. Der Zeitaufwand wird mit zehn bis 20 Stunden pro Einheit angegeben, was bei neun Einheiten und einem finalen Projekt fast den Arbeitsaufwand von einem Semester Vollzeitstudium ergeben kann.

Wenn man tatsächlich alle Lektionen wie vorgegeben durchführt, kann man sich das für 90 Dollar mit einem Zertifikat bestätigen lassen. Das Programm ohne Zertifikat ist kostenfrei verfügbar.

Für die coolen Kids am Puls der Zeit:
***Ruby on Rails*-Tutorials**
tryruby.org, railsforzombies.org/,
http://guides.rubyonrails.org/getting_started.html

Ruby war DIE hippe Programmiersprache der vergangenen Jahre und das liegt nicht zuletzt an den öffentlichkeitswirksamen Designs der Lerntutorials. Rubine! Füchse! Zombies! Da könnte man fast vergessen, dass man gerade versucht, Rechenoperationen in Code zu überführen oder den Zusammenhang zwischen Programmiersprachen und Frameworks erlernt. Tatsächlich machen die *Ruby*-Tutorials *TryRuby* und *Rails for Zombies* Spaß und verlangen nicht zu viel Zeit von den Nutzern. Wer an *Ruby* und *Rails* Gefallen gefunden hat, kann seine Fähigkeiten mit Hilfe der offiziellen *Ruby on Rails* Guides festigen und einen eigenen Blog erstellen, komplett mit unterschiedlichen Nutzeraccounts und Passwort-Abfrage.

Achtung: *Ruby on Rails* mit *Windows*-Versionen zu nutzen, die höher als *Windows 7* sind, kann an den Rande der Verzweiflung führen, da immer wieder kleine Bestandteile manuell hinzugefügt werden müssen. Diese Arbeit schult andererseits aber auch in der Forennutzung, beim selbstständigen Lösen von Problemen und beim Kennenlernen von Communities.

Nehmt das mit auf den Weg!

Nun sind wir schon fast am Ende unseres kurzen Wegweisers durch die digitale Welt angekommen – ein guter Zeitpunkt, um Revue passieren zu lassen, was wir in den vergangenen Kapiteln gelernt haben und ob wir schlauer sind als vor der Lektüre. Nach einem kurzen Exkurs über die digitale Welt haben wir erfahren, was dieses Programmieren eigentlich ist, wie und warum es entstand und wo es stattfindet. Die Grandes Dames Ada Lovelace, Hedy Lamarr und Grace Hopper traten auf, genau wie der tragische Held Alan Turing. Wir kennen nun spektakuläre Hacks, fragen uns nicht mehr, warum Steve Jobs bekannter ist als Steve Wozniak und wissen bei der nächsten DDoS-Attacke ganz genau, was die Hacker im Schilde geführt haben. Außerdem steht nun endlich der Wechsel des Passworts an, das im Zuge des Heartbleed-Skandals hoffentlich verschont wurde. Wir sind uns außerdem darüber im Klaren, was zu einer guten CryptoParty oder einem erfolgreichen Einsteiger-Workshop dazugehört. Ja, auch Bier, aber vor allem sympathische und begeisterungsfähige Mitstreiter und Coaches.

Ihr seid jetzt ungefähr auf demselben Wissensstand wie wir, wir haben vielleicht noch ein paar Praxisprojekte Vorsprung. Wie schon mehrmals angedeutet, haben wir trotz der mal mehr und mal weniger intensiven Beschäftigung mit der Materie noch keine Erfolgsapp programmiert, die wir bald für Millionenbeträge an einen Großkonzern verkaufen werden. Das ist jedoch gar nicht so schlimm, denn neben den technischen Fähigkeiten haben wir in den vergangenen drei Jahren eine Reihe an Erfahrungen gesammelt, die – doch, da kann man schon einmal emotional werden – unser Leben bereichert und uns persönlich weitergebracht haben. Deswegen hier noch ein paar Lektionen und Anekdoten aus unserem Leben als Amateurprogrammiererinnen, die übrigens nicht nur aufs digitale Lernen anwendbar sind:

Ins kalte Wasser springen – Ganz offen gesagt: Wir hatten, als wir die *Code Girls* starteten, keinen blassen Schimmer, wie man ein Netzwerk organisiert, welche Inhalte wir anbieten würden und woher unsere Räumlichkeiten oder Coaches stammen sollten. Einzig die Grundidee, irgendwas mit Code machen und Gleichgesinnte finden zu wollen, stand fest. Wir druckten also ein paar im Fotobearbeitungsprogramm *Paint.NET* selbst gestaltete Flyer, stellten unser Ansinnen auf ein digitales Schwarzes Brett und richteten eine *Facebook*-Seite ein. Zu unserem ersten Treffen kam dann auch genau eine Person. Doch die digitale Öffentlichkeit zeigte Wirkung. Nach kurzer Zeit wurden wir von Mitgliedern des lokalen Hackerspace angeschrieben und uns wurden für die ersten zwei Jahre kostenlose Räumlichkeiten zur Verfügung gestellt. Damit wurde uns der Zugang zur hiesigen Tech-Gemeinschaft ermöglicht. Womit wir schon beim zweiten Punkt wären:

Ja sagen – Ein Hackerspace schreibt Euch an, es gibt eine Ausschreibung für eine Konferenz und Euer Beitrag (»Klappt eh nicht, aber versuchen kann man es ja!«) wird angenommen, *Google* fragt an, ob Ihr in einer Werbekampagne mitspielen wollt, ein Verlag möchte mit Euch ein Buch machen… Diese Traumbilanz eines jeden Medienschaffenden hat sich für uns einfach nach und nach ergeben. Nicht selten haben wir uns wie kleine Hochstapler gefühlt, die bald enttarnt werden, wir sind schließlich gar keine Programmiererinnen. Heute sind wir froh, dass wir nicht zu viele Gedanken an Worst-Case-Szenarien verschwendet haben und einfach jedes Mal laut »Ja!« gesagt haben. Denn auch auf den Konferenzen und in den Werbespots dieser Welt gibt es Platz für Enthusiasten, die nicht unbedingt zur Weltspitze gehören und trotzdem mit Engagement und Hingabe eine Inspiration für andere sein können. Wir wurden unsererseits ja auch ganz zu Anfang von den Berliner *Rails Girls* überzeugt. Was soll auch passieren, außer ein paar schlimmen Kommentaren in der Online- oder Offline-Welt, die kein Weltuntergang sind. Also, traut Euch und nehmt Angebote, die Ihr nicht abschlagen könnt, mit Kusshand an!

Nach Hilfe fragen – Meistens werden solche Gelegenheiten natürlich nicht auf dem Silbertablett serviert, deshalb gilt, wie schon in Kapitel 4 angesprochen die Maxime: »Fragen kostet nichts.« Wir können derzeit alle zwei Wochen für unsere Treffen einen wunderbaren Co-Working-Space mit herrlichem Ausblick auf einen Kanal im Leipziger Westen nutzen, einfach nur, weil wir die Betreiber gefragt haben, ob das denkbar wäre. Wer (wie wir) eher zur introvertierten Spezies gehört, weiß, wie schwer das ist, aber es lohnt sich. Auch hier hilft es, sich vorzustellen, was eigentlich passieren könnte, wenn Ihr Unternehmen nach Sponsorengeldern und Co-Working-Spaces nach Räumen fragt oder Programmierer bittet, ob sie einen Vortrag halten möchten. Wenn es doof läuft, dann antworten sie einfach nicht oder sagen ab und man muss sich einen Plan B überlegen.

Selbstvertrauen entwickeln – Die ersten Treffen, die ersten Emails an Sponsoren und der erste Workshop. Erste Male sind immer unglaublich aufregend und ständig spuken Gedanken im Kopf herum, was alles schief laufen kann. Lasst Euch davon nicht beirren, die zweiten Male werden leichter, denn mit der Erfahrung steigt auch das Selbstvertrauen. Dasselbe gilt für das Programmieren lernen. Am Anfang sieht man nur Hieroglyphen und hat das Gefühl, dass man nie eine Website oder ein Programm zustande bringen wird. Aber irgendwann entdeckt man, dass man Code immer besser versteht und eine *Ruby-* von einer *Python-*Datei unterscheiden kann.

Kindliche Neugier wiederentdecken – Das Schöne am Programmieren war für uns von Anfang an, dass wir uns nach langer Zeit wieder einem Thema, über das wir so gut wie gar nichts wussten, mit kindlicher Neugier widmen konnten. »Die Schrift blinkt plötzlich! Vor unseren Augen entsteht ja wirklich eine ToDo-App! Wir wissen nicht genau, was wir gemacht haben, aber es sieht sehr gut aus in dem Browser!« Die Erfolgsmomente sind vielfältig und Aha-Effekte eine Freude für alle. Diese Wiederkehr des Entdeckergeistes ist für uns besonders wichtig, auch wenn die berufliche Weiterqualifizierung natürlich auf keinen Fall schadet und wir tatsächlich schon Jobs bekommen haben, weil wir ein paar grundlegende Programmierkenntnisse mitbringen und die *Code Girls* betreiben.

Berufliche Perspektiven entwickeln – Gerade Geisteswissenschaftlern fällt es oft schwer, nach dem Studium handfeste Kenntnisse vorzuweisen und die Personalabteilung somit von sich zu überzeugen. Dabei kann es von immensem Vorteil sein, wenn man sich zum Beispiel im Verlagswesen mit digitalen Publikationsarten auskennt, als Marketingmitarbeiter weiß, wie APIs sinnvoll genutzt werden können oder als Social Media-Redakteur kleine Änderungen am Firmenblog schnell selbstständig umsetzen kann. Auch für diejenigen, die noch keine Vorstellung von ihrer beruflichen Laufbahn haben, kann das Programmieren eine Zukunftsperspektive eröffnen, egal ob man im Bereich Webdesign gestalterisch tätig sein möchte oder als Werbestratege den großen Erfolg mit der eigenen App-Idee wittert.

Offen sein – Durch die *Code Girls* haben wir Leute kennengelernt, die wir sonst nie getroffen hätten, die alle spannende Lebenswege vorzuweisen haben, von denen man etwas lernen kann und die gute Freunde geworden sind. Das ist die zweite tolle Sache am Programmieren: Die sehr aktive hilfsbereite Gemeinschaft, ob nun off- oder online.

Handwerker sein – Wer ein geisteswissenschaftliches Studium absolviert hat, kennt diese Freud und dieses Leid: Fast alles ist Interpretationssache und wenn es keine Abgabetermine gäbe, könnte man tausendseitige Essays zu einem bestimmten Thema schreiben. Nicht so beim Programmieren, dem digitalen Handwerk. Entweder etwas ist richtig und es funktioniert, entweder es erfüllt seinen Zweck oder nicht. Dieses unmittelbare Feedback kann sehr erfrischend sein und es tut gut, ein Projekt einfach fertigzustellen und den Co-Codern oder Freunden ein präsentables Ergebnis zu zeigen.

Wir hoffen natürlich, dass Ihr durch die Lektüre Lust bekommen habt, Euch selbst an den Code zu wagen, mit Scripts zu experimentieren und die Schönheit der Quelltexte zu entdecken. Es gibt natürlich tausend interessante Dinge, die wir in diesem Buch nicht behandeln konnten. Wir freuen uns über Eure Meinung, persönlichen Code-Anekdoten oder einfach Post an:

info@codegirls.de

SPEAK GEEK

Die wichtigsten Begriffe
auf einen Blick

WENN IHR ANFANGT, PROGRAMMIEREN ZU LERNEN, lernt Ihr
zwei Sprachen: Zum einen die Programmiersprache, mit der Ihr
arbeiten möchtet. Zum anderen die Fachsprache der Informatik
und Programmierer, sozusagen den Slang, der in der Community
gesprochen wird. Gerade zu Beginn kann es ganz schön verwir-
rend sein, wenn jemand erzählt, er habe auf *GitHub* einen Branch
geforkt, um einen Bug in der API zu fixen, aber im Frontend laufe
auch noch einiges schief. Verständlicherweise möchtet Ihr Euer
Unwissen nicht unbedingt zugeben, nickt und macht Euch eine
mentale Notiz: API googlen; *GitHub* googlen; Frontend googlen.
Aber wie zur Hölle forkt man denn bitte einen Branch? Uns ging
es nicht anders. Wir haben gelernt, dass es immer gut ist, Fragen
zu stellen. Manchmal stellt sich dabei heraus, dass der Gegenüber
auch nicht so richtig weiß, was die Begriffe bedeuten, die er da eben
so lässig runtergerattert hat. Um den Einstieg etwas zu erleichtern,
haben wir ein Glossar mit Begriffen zusammengestellt, die Euch
auf jeden Fall beim Erlernen einer Programmiersprache begegnen
werden. Damit Ihr das nächste Mal diejenigen seid, die lässig mit

Wörtern wie Backend, Arrays und Frameworks um sich werfen können – und auch wissen, was diese bedeuten.

Agile Programmierung | Im Moment herrscht ein regelrechter Hype um agile Methoden. Diese Art der Softwareentwicklung hat es sich auf die Fahne geschrieben, den gesamten Entwicklungsprozess schlanker, beweglicher und flexibler zu gestalten. Umgesetzt werden sie bislang vor allem in jungen Software-Unternehmen sowie kleinen Start-ups. Das von 17 angesehenen Softwareentwicklern verfasste »Agile Manifest« war 2001 der Startschuss für den Erfolgszug der agilen Programmierung. Die Leitsätze fordern zum Beispiel »Reagieren auf Veränderung steht über dem Befolgen eines Plans«. Klingt wie ein Spruch, den Ihr in einem Glückskeks gefunden habt? Klar, agile Programmierung ist eben eine Philosophie. Aber dafür eine, die ein prima Werkzeug für erfolgreiches Projektmanagement abgibt. Teams, die agil programmieren, versuchen die Entwurfsphase so kurz wie möglich zu halten, und stattdessen so schnell wie möglich funktionierende Software zu produzieren. Die jeweiligen Fortschritte werden mit dem Auftraggeber in kurzen Abständen besprochen. So werden enttäuschte Kundenwünsche vermieden und neue Impulse können schnell mit aufgenommen werden. Zum weiteren Vorgehen gehören neben regelmäßigen »Code Reviews« (Prüfung des Codes) und ausformulierten »User Stories« (Anforderungen an die Software) vor allem Tests. Anstatt die fertige Software erst nach ihrer Fertigstellung auszuprobieren, werden die Tests schon zu Beginn geschrieben und parallel immer wieder überprüft. Zum Beispiel, indem man einfach die Nutzer entscheiden lässt, was sie möchten: Das kann im Falle eines großen Onlineshops bedeuten, dass 50 Prozent der Nutzer die alte Website sehen und 50 Prozent eine neue oder verbesserte Version.

Die Interaktionen der Nutzer mit den jeweiligen Versionen der Seite geben dann Aufschluss, was vom Nutzer gut angenommen wird beziehungsweise woran noch gearbeitet werden muss.

API (Application Programming Interface) | Eine Programmierschnittstelle, die Geräte und Software hinter den Kulissen, sprich der Benutzeroberfläche, miteinander vernetzt und Zugang zu sonst verschlossenen Daten ermöglicht. Am besten stellen wir uns die API als Kellner in einem Restaurant vor. Dieser sorgt dafür, dass die Gäste an den Tischen mit der Küche verbunden sind. Dazu übermittelt er die Bestellungen der hungrigen Gäste an den Koch und bringt ihnen Essen an den Tisch. APIs sind ein alter Hut, auch wenn sie erst in den letzten Jahren prominent in die Öffentlichkeit gerückt sind. Betriebssysteme wie *Windows* brauchen diese Schnittstellen sogar unbedingt. Ohne *Windows* API könnten andere Unternehmen gar keine Software entwickeln, die auf dem Betriebssystem läuft. Den meisten von Euch sind APIs bestimmt durch ihren Gebrauch im Netz ein Begriff. Wir unterscheiden zwischen verschiedenen Web-APIs:

- internen APIs
- externen APIs
- Plattform-APIs
- Authentifizierungs- und Autorisierungs-API

Diese APIs sorgen dafür, dass die Dienste großer Anbieter wie *Facebook* oder *Google Maps* auch von externen Entwicklern mitgenutzt werden können. So haben zum Beispiel viele Apps *Google Maps* Karten integriert oder erlauben es Usern, sich blitzschnell mit dem *Facebook*-Account anzumelden. *Facebook* und *Google Maps* teilen also ihren Code über eine Schnittstelle (die API) und damit ihre

Daten – allerdings haben externe Entwickler nur einen limitierten Zugang. Die API erlaubt diesen Apps im begrenzten Ausmaß, mit dem Backend von *Facebook* oder *Google Maps* zu kommunizieren. Und was haben *Facebook* oder *Google Maps* davon, dass externe Programmierer Zugriff auf ihren Code haben?

Erstens steigert das Einbinden in andere Anwendungen die Reichweite von *Facebook*, ohne dass das Unternehmen teure Anzeigen schalten muss. Dank der höheren Reichweite kann *Facebook* mehr Geld für die Anzeigen auf der eigenen Plattform verlangen.

Zweitens können APIs die Beliebtheit eines Ausgangssystems steigern. *Android*, das Betriebssystem vieler Smartphones, ist ein offenes System, an dem Entwickler ihre Apps andocken können. Dadurch benutzen viele Entwickler dieses Betriebssystem und fügen ihm beispielsweise eine App hinzu. Es entstehen mehr Angebote für den Nutzer und das wiederum steigert die Verkaufszahlen.

Und drittens: Kennt Ihr die Streamingplattform für Filme *Netflix*? Sie ist enorm erfolgreich, weil wir Filme dank der *Netflix*-API auf einer Vielzahl von Geräten streamen können. Durch seine Schnittstelle hat es das Unternehmen ermöglicht, dass *Netflix*-Filme auf SmartTVs, Smartphones, Laptops oder Spielkonsolen laufen. So gelang es dem einstigen DVD-Verleih sich zu einem weltweit erfolgreichen Streaming-Anbieter zu wandeln.

Array | Klingt erst einmal kompliziert, ist aber nur ein hochtrabendes Wort für »Datentypen«. Ein Array ist ein Ort, um verwandte Elemente aufzubewahren – ähnlich wie man in einem Kühlschrank Lebensmittel aufbewahrt. Ein Array kann allerdings nur *Strings* oder Zahlen aufbewahren. Das kann zum Beispiel folgendermaßen aussehen: `Was_ist_im_Kühlschrank: ["Cornichons", "Brie", "Butter", "Senf", "Mettwurst"]`

Der Array verrät mir also, dass meine Variable »Was_ist_im_Kühlschrank« die Datentypen Cornichons, Brie, Butter, Senf und Mettwurst enthält. Da ich jetzt den Inhalt des Kühlschranks kenne, kann ich eine gezielte Auswahl treffen.

```
Konsole.melde(Was_ist_im_Kühlschrank[2])
// --> Butter
```

Ich will mir nur ein Butterbrot schmieren, deswegen lasse ich mir nur Butter ausgeben. Beim Programmieren nehme ich natürlich andere Datentypen, aber das Prinzip bleibt das Gleiche. Arrays sind praktisch, wenn wir mit einer Wust an digitalen Daten arbeiten wollen und diese zusammenhängend präsentieren möchten.

ASCII (American Standard Code for Information Interchange) | Ein Computer versteht unsere menschliche Sprache nicht. Aus diesem Grund muss alles binär verschlüsselt werden. Das Binärsystem kennt Ihr bestimmt noch aus Schulzeiten. Da haben wir gelernt, wie wir Zahlen unseres Dezimalsystems im Binärsystem ausdrücken. Nun gibt es aber beim Programmieren ein Problem: Wir geben über unsere Tastatur nicht nur Zahlen, sondern auch Buchstaben und Sonderzeichen ein. Wie also können Buchstaben in Nullen und Einsen codiert werden? In den 1960er Jahren war das ein großes Problem, das viele Menschen beschäftigte. Deswegen überlegte man: Warum nicht jedem Buchstaben eine Zahl zuweisen? Diese Zahl wiederum kann dann in Binärcode ausgedrückt werden. Das könnte zum Beispiel folgendermaßen aussehen:

```
a = 0 = 01100001    b = 1 = 01100010    c = 3 = 01100011
d = 4 = 01100100    e = 5 = 01100101    f = 6 = 01100110
g = 7 = 01100111    h = 8 = 01101000    usw.
```

Das reicht allerdings noch nicht ganz, um sich reibungslos mit einem Computer zu verständigen. Denn, wie weiß ein Computer, ob es sich um groß- oder kleingeschriebene Buchstaben handelt? Was ist eigentlich mit Satzzeichen? Und Zahlen selbst? Denn die tippen wir auf unserer Tastatur schließlich auch im Dezimalsystem. Außerdem brauchen wir auf jeden Fall ein Leerzeichen, ansonsten haben wir ein großes Chaos. Und wer legt eigentlich fest, dass a = 0 ist? Warum nicht bei eins anfangen? Diese Überlegungen führten in den 1960er Jahren zu einem Kuddelmuddel: Die einzelnen Computer-Hersteller nutzten jeweils unterschiedliche Codes für die Verschlüsselung von Buchstaben und Zeichen. Was dazu führte, dass niemand mehr durchblickte. Aus diesem Grund rief das American National Standards Institute (ANSI) ein Komitee ins Leben, was das Chaos beseitigen sollte. So wurde 1963 *ASCII* geboren. Diese 7-Bit-Zeichenkodierung sollte für Einheitlichkeit sorgen. Sieben Bit bedeutet, dass jeder Buchstabe und jede Ziffer durch eine Variation von jeweils sieben Nullen und Einsen dargestellt wird. Auf diese Weise lassen sich 128 Buchstaben repräsentieren. *ASCII* repräsentiert damit 95 druckbare und 33 nicht druckbare Zeichen. Zu nicht druckbaren gehören Steuerelemente und Kontrolltasten, die 95 anderen umfassen das lateinische Alphabet, zehn arabische Ziffern und einige Satzzeichen. 128 Buchstaben sind freilich immer noch zu wenig, wenn man alle von uns Menschen verwendeten Schriftzeichen darstellen will. Denn da *ASCII* sich an der englischen Sprache orientiert, sind deutsche Umlaute zum Beispiel nicht enthalten. Deswegen kam es im Lauf der Zeit zu vielen Erweiterungen und auch neuen Zeichenkodierungen wie zum Beispiel *Unicode*. Dieser Standard versucht allen Zeichen gerecht zu werden und enthält unter anderem auch koreanische, syrische und aramäische Schriftzeichen.

Assembler | Entwickelt wurde das Programm *Assembler* in den 1950er Jahren, um Befehle von Maschinencode in eine Assemblersprache zu übersetzen und damit in simple englische Wörter, die um einiges benutzerfreundlicher waren als lange Kolonnen von Nullen und Einsen. Da allerdings für jeden Prozessor ein spezifischer *Assembler* existiert und diese untereinander nicht immer kompatibel sind, können Programme nicht ohne weiteres auf ein System mit anderem Prozessor übertragen werden. Das macht *Assembler* nicht besonders flexibel. Inzwischen ist *Assembler* etwas in die Jahre gekommen. Dennoch empfehlen einige Programmierer auch heute noch, *Assembler* zu lernen, denn dadurch lassen sich grundlegende Prozesse des Programmierens anschaulicher als bei höheren Programmiersprachen nachvollziehen.

Backend | Im Gegensatz zum Frontend bezeichnet das Backend all die Prozesse, die sich unsichtbar für unsere Augen hinter den Kulissen abspielen. Normalerweise besteht das Backend aus drei Teilen: Einer Datenbank, einem Server und einer Anwendung. Nehmen wir einmal an, Ihr bucht einen Flug für den nächsten Urlaub über ein Reiseportal im Internet. Ihr selbst interagiert auf der Seite nur mit dem Frontend. Wenn Ihr allerdings Eure Adresse und Zahlungsinformationen eingetippt habt, speichert die Anwendung diese Daten in einer Datenbank. Diese wiederum liegt auf einem Server. Das ist auch gut so, denn so bleiben all die Informationen gespeichert, sodass Ihr Euch jederzeit wieder einloggen könnt, um die Abflugzeit zu checken oder das Ticket auszudrucken. Ein Backend-Entwickler kümmert sich darum, dass Datenbanken angelegt werden oder der Server konfiguriert wird. Dafür benutzt er Programmiersprachen wie zum Beispiel *PHP*, *Ruby* oder *Phython*. Bei Websites oder Content-Management-

Systemen verstehen wir unter Backend den administrativen Bereich, wo wir Inhalte verwalten und Einstellungen an der Seite vornehmen können.

Betriebssystem | Eine Software, die einen Haufen Programme bündelt, die das Bedienen eines Computers überhaupt erst möglich machen. Das Betriebssystem bildet also die Verbindung zwischen der Hardware und der Anwendungssoftware. Anders ausgedrückt, sorgt ein Betriebssystem dafür, dass wir mit unserem Computer kommunizieren können. Es lädt Programme, führt diese aus und beendet diese, wenn es gewünscht ist. Das Betriebssystem ist außerdem ein digitaler Verwalter: Nicht nur verwaltet es Speicherplatz, sondern auch die an den Computer angeschlossenen Geräte. Darüber hinaus sorgen im Betriebssystem enthaltenen Nutzerrechte und Zugriffsbeschränkungen für den Schutz des Systems. Das Betriebssystem, wie wir es kennen, existiert erst seit den 1980er Jahren, als *Microsoft* mit *MS-DOS* das erste Betriebssystem auf den Markt brachte. Der Nachfolger *Windows* ist bis heute das wohl meist genutzte Betriebssystem weltweit. Doch es ist nicht das einzige: Alle *Apple*-Produkte sind mit einem von *Apple* entwickelten Betriebssystem ausgestattet, die Laptops und PCs mit *Mac OS*, *iPhones*, *iPads* und *iPods* laufen mit *iOS*. Daneben existieren noch Exoten wie zum Beispiel *Linux*, ein Open-Source-Betriebssystem. Viele Smartphones und Tablets nutzen das Betriebssystem *Android*.

Bit | Bit ist die Abkürzung von binary digit, auf deutsch Binärziffer. Der Name gibt uns bereits einen Hinweis auf die Eigenheit dieser Ziffern. Bits kennen nur zwei Zustände, im Computer sind das »Strom an« und »Strom aus«. Dargestellt werden die beiden

Zeichen in der Regel durch Eins und Null. Bit ist die kleinste Speichereinheit, mit der binäre Daten dargestellt werden können. Die Speicherkapazität eines Computers wird ebenfalls in Bit angeben. Für den Computer besteht die Welt nur aus Daten. Diese Daten speichert er in langen Bit-Sequenzen.

Halten wir fest: Ein Bit kann die zwei Zustände »Strom fließt« und »kein Strom fließt« ausdrücken.

	128	64	32	16	8	4	2	1
1Bit =	0	0	0	0	0	0	0	1

Kombinieren wir dieses Bit mit einem anderen, können wir bereits drei Zustände beschreiben, weil $1 + 2 = 3$.

	128	64	32	16	8	4	2	1
2Bit =	0	0	0	0	0	0	1	1

Bei acht Bit haben wir bereits die Möglichkeit 256 Zustände von Strom darzustellen, denn $128 + 64 + 32 + 16 + 8 + 4 + 2 + 1 = 255$. Dazu addieren wir noch eine 1 für »Strom aus«.

	128	64	32	16	8	4	2	1
8Bit =	1	1	1	1	1	1	1	1

Angesichts der Komplexität von Websites heutzutage fällt es uns schwer zu glauben, dass jede Information auf einer Seite am Ende nur durch Eins und Null dargestellt werden kann. Aber jede Website und jedes Programm sind für unseren Computer in Wirklichkeit einfach eine endlose Aneinanderreihung von Stromzuständen: An oder Aus.

Byte | Achtung: Bit und Byte meinen nicht das gleiche. Byte wird als Maß für die Größe eines Speichers verwendet, zum Beispiel bei Bildern auf Eurem Smartphone: Ein Foto mit einer 8px-Kamera nimmt ungefähr 1,6 Megabyte in Anspruch. Ein Byte sind gleich acht Bit, das bedeutet ein Byte kann zwei hoch acht = 256 Zustände wiedergeben. Ein Kilobyte sind dann 1.024 Bytes und ein Megabyte gleich 1.024 Kilobytes. Bei soviel Bytes schwirrt uns ganz schön der Kopf. Reicht aber auch erst mal, wenn wir uns merken, dass Megabytes ganz schön viele Bits sind.

Big Data | Dieser Begriff bezeichnet das Sammeln und Auswerten riesiger komplexer Datenmengen. Das Schlagwort der vergangenen Jahre ist nicht klar umrissen und kann sich auf alle Massendaten beziehen, seien es Telekommunikationsdaten in der Vorratsdaten-speicherung, Sportdaten zur Berechnung von Tippquoten oder medizinische Daten, die Epidemien voraussagen können. In der wissenschaftlichen Fachpresse werden aktuell viele Methoden diskutiert, wie digitale Datenmassen bestmöglich ausgewertet werden können und welche Konsequenzen die allumfassende Datensammlung auf unsere Gesellschaft haben wird.

Boolesche Variable | Manchmal ist die Welt tatsächlich nur schwarz oder weiß. Denn diese Variable mit dem lustigen Namen kann nur zwei Zustände annehmen: wahr oder falsch. In unserem ersten Beispiel behaupten wir, dass zehn größer als drei ist. Das stimmt, also hat unsere Boolesche Variable den Wert »wahr«.

```
console.log(10 > 3)
// → wahr
```

In unserem zweiten Beispiel behaupten wir dagegen ganz frech, dass zehn kleiner als drei ist. Damit ist der Zustand der Booleschen Variablen »falsch«.

```
console.log(10 < 3)
// → falsch
```

Boolesche Variablen findet man in vielen Programmiersprachen, egal ob höhere Programmiersprache oder Assemblersprache. Sie werden gerne bei Schleifen oder auch Regeln genutzt, denn mit diesen Variablen lassen sich prima Bedingungen aufstellen, die über das weitere Vorgehen des Programms entscheiden.

Bootsstrap | Das vermutlich bekannteste Framework, dessen Namen auch manchen Nicht-Programmierern geläufig ist. *Bootsstrap* ist ein *CSS*-Framework, das seinen Nutzern Gestaltungsvorlagen bietet, zum Beispiel für *Grid*-Systeme, aber auch für Buttons oder Navigationselemente. Das Framework entstand beim Kurznachrichtendienst *Twitter*, um interne Analyse- und Verwaltungswerkzeuge weiterzuentwickeln. Teams, die dort auf *Bootsstrap* zurückgriffen, konnten ihre Projekte damit effizienter und schneller erledigen. Da immer mehr Teams auf das Toolkit, eine Art digitale Instrumentenkiste, zurückgriffen, ähnelten sich die Anwendungen im Aufbau und Design. Twitter entschloss sich schließlich 2011 *Bootstrap* als Open-Source-Projekt jedermann zugänglich zu machen und auf *GitHub* zu stellen. Seitdem kümmert sich dort eine riesige Fan-Gemeinde von *Bootstrap*-Enthusiasten um die Weiterentwicklung und Verbesserung und sorgt dafür, dass das Verzeichnis eines der am meisten genutzten ist. Unter anderem nutzen die NASA und Codecademy Bootstrap auf ihrer Seite.

Bot | Bots sind automatische Computerprogramme. Oft werden Bots eingesetzt, um Quatsch zu machen, denn Bots eignen sich prima für langweilige Aufgaben, für die es uns Menschen an Geduld und Zeit fehlt. Da Bots meistens nur einfache Funktionen ausführen, eignen sie sich übrigens auch super als Einstiegsprojekt für Programmier-Anfänger. Wie in jeder Familie gibt es auch bei den Bots schwarze und weiße Schäfchen:

Zombie Ein Zombie ist ein Computer, der durch einen Hacker oder ein Computervirus kompromittiert wurde und nun für bösartige Attacken via »Fernbedienung« genutzt werden kann. Weil in vielen Fällen die Besitzer nicht wissen, dass ihr Computer zum Beispiel für DDoS-Attacken oder Spam-Fluten auf andere Computer missbraucht wird, werden die infizierten Geräte »Zombies« genannt.

Twitter-Bot Ein Programm, dass auf *Twitter* eingesetzt wird, um automatisch Inhalte zu erstellen, zu twittern oder anderen Nutzern zu folgen. Manche *Twitter*-Bots produzieren reinen Spam, andere dagegen erschaffen fast schon so etwas wie Kunst: Zum Beispiel ein Mash-up aus Kierkegaard- und Kim Kardashian-Zitaten. Weltklasse!

Chatterbot Wie der Name bereits suggeriert, handelt es sich hier um gesprächige Programme. Viele solcher Programme wurden kreiert, um den Turing-Test zu bestehen. Dabei geht es darum, dem Gesprächspartner glaubhaft zu vermitteln, dass sein Gegenüber ein Mensch (und kein Bot) ist. Das ist ziemlich kompliziert, denn so ein Bot versteht natürlich nicht, was man ihm sagt. Vielmehr scannt er eine Frage nach Schlüsselwörtern wie zum Beispiel »Hallo« und antwortet mit einem Mix aus vorher festgelegten passenden Schlüsselwörtern einer Text-Datenbank, in diesem Fall vermutlich »Hallo«.

Web-Crawler | Ohne diese Programme wäre jede Suchmaschine aufgeschmissen. Denn diese Bots krabbeln durch das World Wide Web und durchsuchen jede Website. Sie suchen allerdings keine Informationen (damit könnten sie auch nichts anfangen), sondern Hyperlinks. Sie besuchen Websites, speichern alle dort vorgefunden Hyperlinks und forschen nach neuen, damit diese dann bei Suchmaschinen wie *Google* als Ergebnis auf die Suchanfrage zu »Die 10 niedlichsten Katzen gifs« angezeigt werden können.

Bug | Das englische Wort für Käfer bezeichnet einen Programmierfehler oder eine Software-Anomalie. Hakt es im Programm, dann ist höchstwahrscheinlich ein Bug daran schuld. Ingenieure benutzen diesen Begriff schon seit dem letzten Jahrhundert – vermutlich fanden sie die Idee witzig, dass sich Krabbelviecher am Getriebe der mühsam konstruierten Maschine zu schaffen gemacht haben könnten. Die Legende will, dass der Ausdruck erst durch Grace Hopper Einzug in die Welt der Computer hielt: 1944 begann sie in Harvard an dem Computer »Mark I« zu arbeiten. Dieser wurde von der Marine für ballistische Berechnungen eingesetzt. Eines Tages begann der Computer jedoch herumzuspinnen und lieferte trotz korrekter Eingaben falsche Ergebnisse. Eine interne Untersuchung der Rechenmaschine ergab, dass eine zerquetschte Motte das Problem war. Sie war von den sich rapide öffnenden und schließenden Relaiskontakten zu Tode gedrückt worden und lag nun zwischen ihnen. Die Motte wurde entfernt und Grace Hopper klebte eine Notiz in ihr Logbuch »First actual case of bug being found«. Glaubt Ihr nicht? Ein Foto der Seite findet Ihr auf *Wikipedia*.

Bugs können in verschiedenen Formen auftreten:

- Es kann sich um einen **Syntax-Fehler** handeln, zum Beispiel wenn eine Klammer nicht korrekt geschlossen wurde.
- Nervig: Fehler, die **während der Laufzeit** auftreten. Der Computer stürzt ab, der Bildschirm friert ein, kurzum, nichts geht mehr.
- Ist eine Variable oder Funktion nicht definiert, ist das ein **lexikalischer Fehler**.
- Manchmal ist der Bug, dass **ein Problem falsch gelöst** wurde. Das ist dann ein logischer Fehler. Mit Hilfe von Debugging-Instrumenten wird dem Bug dann auf den Leib gerückt. Ist der Fehler erfolgreich ausgemerzt (oder zumindest umgangen worden), sprechen wir von einem »patch« oder »fix«.

Die blamabelsten Bugs der Geschichte

Die NASA-Sonde »Mars Climate Orbiter« sollte die Wetterverhältnisse auf dem Roten Planeten erforschen. Die NASA hatte stolze 320 Millionen Dollar in das Projekt gesteckt, das sich am 23. September 1999 wortwörtlich in Luft auflöste. Denn der Orbiter näherte sich dem Mars in einem falschen Winkel, zerbrach und verglühte in der Marsatmosphäre. Was war passiert? Die Software für die Bodenkontrolle nutzte angloamerikanische Maßeinheiten, die Software an Bord des Orbiters erwartete allerdings metrische Maßeinheiten. Ups.

1994 erntete das Computerunternehmen *Pentium* medialen Spott, als sich herausstellte, dass ein Modell der Intel-Prozessoren in Mathe durchgefallen war. Das ist kein Witz: Unabhängig von der benutzten Software konnten Ergebnisse auf Grund eines Softwarefehlers ab der achten Stelle hinter dem Komma ungenau sein. Die Auswirkungen auf mathematische Berechnungen waren zwar minimal, der Fehler führte aber zu einem gigantischen PR-Debakel. Denn bei *Pentium* wusste man bereits seit einigen Monaten Bescheid, hatte jedoch »vergessen«, die Nutzer zu benachrichtigen. Die Folge war eine große Vertrauenskrise unter den Kunden.

Wer versuchte, am 24. August 2007 *Windows* zu installieren, der machte eine unangenehme Erfahrung: Die *Windows*-eigene Anti-Piraten-Software *Windows Genuine Advantage* (*WGA*) meldete, es sei versucht worden, illegale Kopien zu installieren. *Windows Vista*-Nutzern wurden sogar Features ausgeschaltet. Was war passiert? In diesem Fall lag der Bug an menschlichem Versagen. Ein Mitarbeiter des *WGA*-Teams hatte versehentlich eine alte Version des Programms voller Bugs auf den *Microsoft*-Servern installiert.

Der NASA muss die kleine Panne mit dem Mars Orbiter nicht peinlich sein, immerhin gelangte die Sonde bis zum Mars. Die Ariane-5 der ESA allerdings explodierte 1996 nach gerade mal 40 Sekunden in der Luft. Was war passiert? Die Software zur Kursabweichung war ohne Änderungen von der Vorgängerin Ariane 4 übernommen worden. Die genaue Ursache lag in einem Softwaremodul der Steuerungseinheit, wo es bei der Umwandlung einer 64-Bit-Gleitkomma-Variablen in eine mit Vorzeichen versehene 16-Bit-Ganzzahl zu einem arithmetischen Überlauf kam. Das Ereignis ging als »teuerster Softwarefehler aller Zeiten« in die Geschichtsbücher ein.

Erst 2014 Jahr wurde ein Bug von epischen Ausmaßen bekannt: Heartbleed. Was sich wie der Albumtitel einer Emo-Band anhört, ist in Wirklichkeit ein Programmierfehler in der Bibliothek *OpenSSL*. Die Auswirkungen waren verheerend, da die Mehrzahl aller Onlinedienste *OpenSSL* benutzt, unter anderem auch *Google*. Eine Sicherheitslücke in der Bibliothek sorgte dafür, dass private Daten in verschlüsselten Verbindungen ausgelesen werden konnten. Was war passiert? Um zu überprüfen, ob Server betriebsbereit sind, wird beim so genannten »Heartbeat«-Verfahren eine Anfrage an den Server geschickt: »Hey Server, wenn Du da bist, dann sag Marmelade (9 Buchstaben)«. Der Server schickt MARMELADE zurück. Im Falle des *Heartbleed*-Bugs konnten Hacker nun den Server um folgendes bitten: »Hey Server, wenn Du da bist, dann sag Marmelade (600 Buchstaben)«. Der Server gab auf Grund des Programmierfehlers MARMELADE zurück – plus die 591 Stellen, die danach folgten. Darunter konnten Passwörter, Bankdaten und Namen sein.

Compiler | ist ein Übersetzungsprogramm. Es kümmert sich darum, dass in einer Programmiersprache geschriebene Programme in für den Computer verständlichen Code, zum Beispiel Maschinencode oder Assemblersprache, übersetzt werden. Grace Hopper entwickelte 1949 den ersten *Compiler* namens »A-o« (Arithmetische Sprache Version o). Viele Merkmale der heutigen *Compiler* wurden allerdings erst in den 1960er Jahren entwickelt. Wie übersetzt ein *Compiler* den Quelltext? Zunächst wird bei der Syntaxprüfung getestet, ob es sich beim Quelltext um ein gültiges Programm handelt. Wenn ja, wird im nächsten Schritt eine Zwischendarstellung des Quelltextes analysiert und optimiert. Erst im dritten Schritt geht es an die Codeerzeugung: Dann wird die optimierte

Zwischendarstellung endlich in den benötigten Zielcode übersetzt. Ein *Compiler* ist also für die Kommunikation zwischen Mensch und Computer unerlässlich.

Computer | In den 1930er und 1940er Jahren begann der unaufhaltsame Siegeszug des Computers in seiner heutigen Form. Wegbereiter waren unter anderem der britische Mathematiker Charles Babbage, der mit der »analytical engine« bereits 1833 einen Vorläufer des modernen Computers schuf. Aber auch seine Mitarbeiterin Ada Lovelace spielte eine wichtige Rolle sowie Alan Turing (der unter anderem auch dafür sorgte, dass im Zweiten Weltkrieg die Enigma-Verschlüsselung der Nazis geknackt werden konnte) und Konrad Zuse (der mit dem Z3 den ersten frei programmierbaren Computer baute). Das Wort Computer stammt vom lateinischen »computare«, was soviel wie »berechnen« bedeutet. Ein Computer ist im Grunde eine gigantische Rechenmaschine, nur dass statt einer Rechenoperation viele gleichzeitig stattfinden. Dabei werden Eingabewerte, also Variablen, zum Beispiel durch Multiplikation oder Subtraktion »verarbeitet«. Während unser mickriges menschliches Gehirn nur eine Rechenoperation auf einmal verarbeiten kann, schafft ein Computer Millionen Operationen pro Sekunde – und der Trend geht in den Milliarden-Bereich. Ein Computer führt also bestimmte, durch ein Programm vorgegebene Rechenschritte extrem schnell aus. Generell unterscheiden wir beim Computer zwischen Hardware und Software. Hardware bezeichnet die mechanische und elektronische Ausrüstung unserer Rechner. Dazu gehören zum Beispiel das DVD-Laufwerk, die Grafikkarte, der Lüfter oder der Prozessor, aber auch die Ausrüstung, die nicht im Computer verbaut ist wie zum Beispiel der Drucker, die Maus oder ein Beamer. Hat man nur die Hardware, bringt einem das erst mal

LCD-Monitor

Tastatur

Trackpad

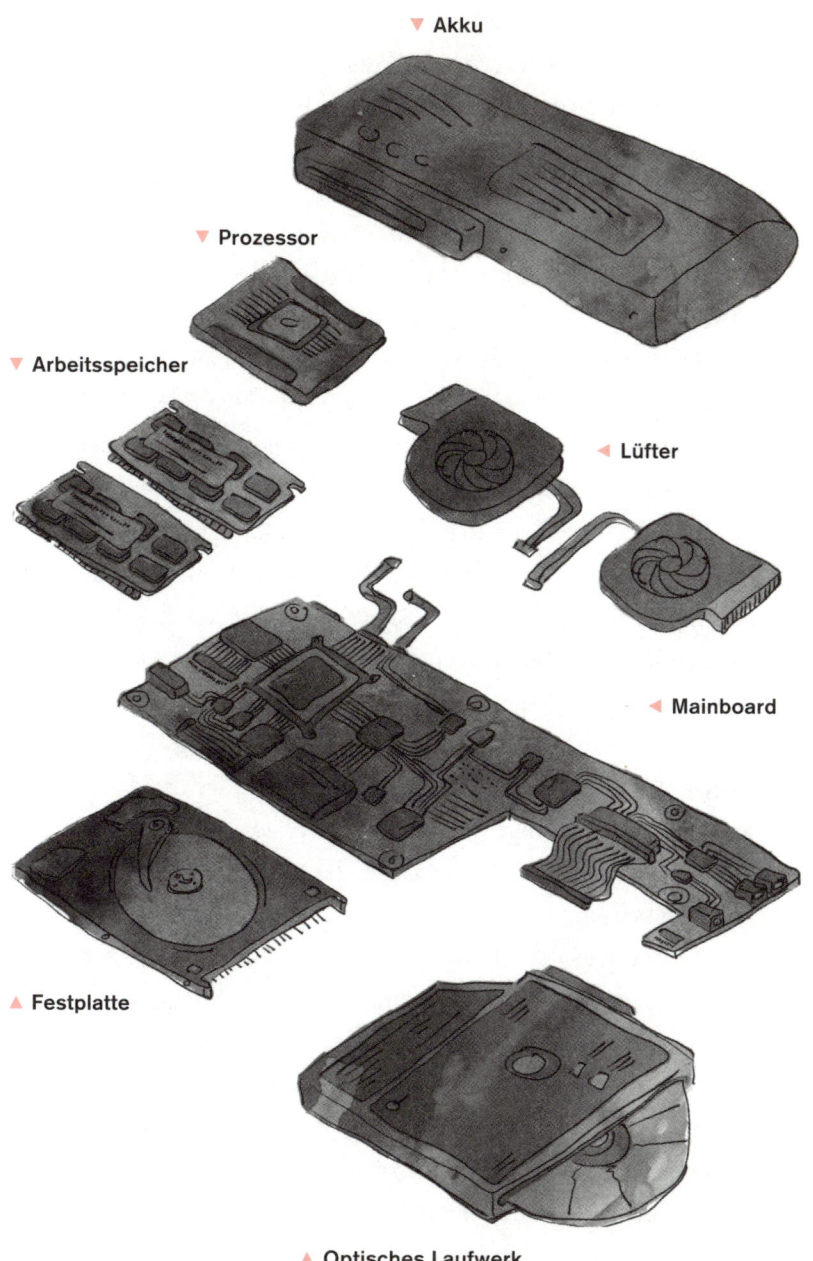

▼ Akku

▼ Prozessor

▼ Arbeitsspeicher

◄ Lüfter

◄ Mainboard

▲ Festplatte

▲ Optisches Laufwerk

rein gar nichts. Erst durch die Software, die mit Programmiersprachen geschrieben wird, wird dem Rechner eine »Seele« eingehaucht. Software wie zum Beispiel das Betriebssystem sagt all den Geräten, Chips und Schaltern, was zu tun ist. Computer sind heutzutage eine recht komplexe Angelegenheit. Wenn wir von Computern reden, haben wir dabei einen Laptop oder einen PC vor Augen. Das stimmt aber nur bedingt. In erster Linie ist ein Computer ein Gerät, das Eingaben (input) bearbeitet und verändert wieder ausgibt (output). Wie das *MacBook*, aber eben auch wie Waschmaschinen, Fernseher, Autos, Fahrstühle oder Fahrkartenautomaten. Das sind nur ein paar Beispiele von Computern, mit denen wir im Alltag ständig interagieren. Der einzige Unterschied zu einem PC oder Laptop ist die Komplexität der Eingabe und die Bearbeitungszeit. Außerdem sind Waschmaschinen und Fahrkartenautomaten Computer, die uns suggerieren, Geräte zu sein. Darauf wurden sie programmiert, aber das heißt nicht, dass sich das nicht ändern ließe: Fast alle Computer sind universell programmierbar oder, wie der Fachmann sagt, »turing vollständig«. Im Klartext bedeutet das, dass man die Waschmaschine oder den Fahrkartenautomaten dazu bringen kann, so ziemlich alles zu machen. Immer vorausgesetzt, man ist in der Lage, das passende Programm dafür zu schreiben.

Computer sei Dank können wir also Wäsche waschen, Treppensteigen vermeiden, kommunizieren, Lieblingsfilme im Bett anschauen und natürlich Berechnungen vornehmen. Und wohin wird der Trend in den nächsten Jahrzehnten gehen? Die Transistoren der Computer sind inzwischen so klein, dass wir an physikalische Grenzen stoßen. Das kann zu einem neuen Paradigma führen: Warum sollen wir uns mit lediglich einem schnellen Computer zufrieden geben, wenn wir tausende haben können, die sich wie ein Computer anfühlen? In der Cloud vernetzen Unternehmen wie *Facebook* oder *Google* unzählige Computer miteinander und erzeugen so schnellere Rechenleistung für ihre Dienste. Wesentlich abgefahrener sind Quantencomputer. Sie ignorieren die klassische Physik und arbeiten nach der Quantenmechanik. Kleiner Nachteil: Bislang handelt es sich dabei hauptsächlich um theoretische Konzepte, ein praxistauglicher Quantencomputer existiert noch nicht.

Cookies | Die Textdateien mit dem niedlichen Namen werden auf dem Computer gespeichert, um die Navigation auf Websites zu vereinfachen, zum Beispiel damit wir unser Passwort nicht jedes Mal neu eingeben muss oder damit uns angezeigt wird, dass wir schon einmal auf einen Link geklickt hat. Handelsübliche Browser bieten die Möglichkeit, Cookies zu blockieren. Warum, wenn es so praktisch ist? Die Dateien geben den Anbietern der Seite Informationen über unser Surfverhalten, und im schlechtesten Falle nicht nur das. Der US-amerikanische Geheimdienst NSA nutzte unter anderem Cookies für seine Spionagetätigkeiten. Cookies sind jedoch les- und löschbar. Unsichtbare Spione sind allerdings die weit verbreiteten Zählpixel, die das Surfverhalten von Nutzern auf einer Website meistens zu Werbezwecken analysieren. Da sie meist nur einen Pixel groß und durchsichtig sind, können Nutzer sie nicht erkennen. Blockiert werden können sie durch Browser-Erweiterungen wie *NoScript* oder *Ghostery*.

CSS (Cascading Style Sheets) | ist für das Internet das, was Lippenstift, Mascara und Haarbürste für unser äußeres Erscheinungsbild sind. Die Stylesheets sind Gestaltungsanweisungen für unsere Website, hier wird festgelegt, wie was auszusehen hat. *CSS* ist Mitte der 1990er Jahre entstanden und identifiziert die *HTML*-Elemente eines Dokuments anhand bestimmter Eigenschaften durch so genannte Selektoren. Das kann eine ID sein, der Name des Elements oder die Position des Elements. Danach legt das *CSS* für die identifizierten Elemente die Anweisungen fest. Angenommen, wir gestalten das Menü einer Website. Wir möchten gerne, dass die Schriftart Comic Sans ist, der Abstand des Menüs zur linken Seite 0px beträgt und unser Menü einen Rahmen hat. Nach längerem Nachdenken entscheiden wir, dass er gelb gepunktet sein soll und 1px breit. Und so teilen wir das unserem Computer mit:

```
p.menü {     font-family: comic sans;
             /* Legt die Schriftart fest */

             margin-left: 0;
             /* Abstand linke Seite */

             border: 1px dotted yellow;
             /* Gepunkteter gelber Rahmen
             mit Breite von 1px */

             background-color: #f89;
             /* Hintergrundfarbe */

        }

p.menü div { font-weight: bold;
             /* Schrift fett markieren */

        }
```

Datenbank | Websites von Banken oder Onlineshops werden mit einer riesigen Menge von Daten konfrontiert, die sekundenschnell abgerufen werden müssen. Zur Ordnung dieser Daten sind Datenbanken im Einsatz. Das sind Sammlungen von Informationen wie zum Beispiel Login-Daten. Mit einer Datenbank können große

Mengen an Daten in Form von Tabellen, Reports oder Plänen optimal gespeichert werden. Eine Datenbank muss verständlich angelegt werden, damit der Computer weiß, wo er welche Information finden kann.

Das sieht dann ungefähr so aus: In der untenstehenden Tabelle seht Ihr die Datensätze der Datenbank »Zugangsdaten«.

Nutzername	Passwort	Name	Nachname	Letzter Login
Easypeasy	N23#iers5!	Maria	Müller	2/01/2015 04:56
Lemonsqeezy	?64nJrr35	Nini	Benz	13/02/1015 06:34

Eine Datenbank besteht eigentlich aus zwei Teilen: Einmal dem Satz an Daten, den es zu verwalten gilt und der Verwaltungssoftware. Dieses so genannte Datenbankmanagementsystem (DBS) speichert und verwaltet Daten und interagiert mit Nutzern und Anwendungen. In den letzten Jahren haben sich kostenlose Open-Source-Systeme durchgesetzt, ganz vorne dabei ist *MySQL*. Die Abfrage und Verwaltung der benötigten Daten geschieht mit Hilfe einer Datenbanksprache, zum Beispiel *SQL*. Die Sprache ist einfach aufgebaut und orientiert sich an der englischen Sprache. Angenommen, Ihr wollt nicht alle Spalten der Tabelle unseres Beispiels sehen, stattdessen benötigt Ihr nur die Nachnamen:

```
SELECT Nachname;
FROM Zugangsdaten;
```

Easy, oder? Natürlich geht das auch komplizierter, zum Beispiel wenn man viele Tabellen hat und dann Filter einbaut. Wenn Ihr einen Blog bei *Wordpress* habt, dann seid Ihr bestimmt schon mal mit Datenbanken in Berührung gekommen. Content-Management-Systeme wie *Wordpress* benutzen Datenbanken, um sowohl Benutzer als auch Seiten und Kommentare zu verwalten.

Editor | Mit *Microsoft Word* habt Ihr bestimmt schon gearbeitet: Ein Bearbeitungsprogramm für Texte, das es uns erlaubt Texte zu schreiben und zu formatieren. Diese Art von Programm nennt man auch Editor. Wenn Ihr Code schreiben wollt, dann könnt Ihr das theoretisch in *Word* oder mit jedem beliebigen Text-Editor auf Eurem Computer machen. Es gibt allerdings Software, die den Code schon während des Schreibens übersichtlich anordnet und mit farbigen Markierungen versieht. Das hilft uns, den Überblick über unsere Arbeit zu behalten. Wir persönlich arbeiten gerne mit dem *Sublime Editor*, der kostenlos heruntergeladen werden kann.

Framework | Psst, wir verraten Euch mal ein Geheimnis: Programmierer sind faul. Und wie so oft, wenn Bequemlichkeit und technische Expertise aufeinanderprallen, entstehen daraus tolle Sachen, die das Leben leichter machen. Zum Beispiel *Ruby on Rails*. Die Programmiersprache *Ruby* haben wir ja bereits vorgestellt. *Rails* ist ein für *Ruby* entwickeltes so genanntes Framework. Wörtlich übersetzt ist ein Framework eine Rahmenstruktur. Am besten stellt Ihr Euch das wie ein Baugerüst an einem Haus vor. Das Haus kann auch ohne Gerüst renoviert werden, aber mit Gerüst ist es sicherer, einfacher und praktischer. Oder schon mal versucht eine zehn Meter hohe Fassade ohne Gerüst neu zu streichen? Ein Framework ist das Programmiergerüst, das Euch die Arbeit erleichtert. Es ist kein eigenständiges Programm, sondern bildet einen Rahmen, innerhalb dessen beispielsweise mit *Ruby* eine Anwendung geschrieben werden kann. Viele Programmiersprachen haben eigene Frameworks, für *Python* gibt es *Django* und für *JavaScript jQuery*. Auf *GitHub* kümmern sich tausende von Freiwillige um »ihr« Framework. Fortlaufend wird das Framework in gemeinschaftlicher Arbeit verbessert, Tutorials geschrieben oder Plugins entwickelt. Da man sich mit jedem Framework einem Rahmen unterwirft, kritisieren manche, dass Frameworks starr seien und einen in zu feste Strukturen pressen würden. Die Annehmlichkeiten des Programmiergerüsts kosten etwas an Kontrolle und auch an Geschwindigkeit, so würde zum Beispiel niemand versuchen ein zweites *Facebook* mit *Django* zu bauen.

Frontend | Wenn wir über das *Frontend* des Webs reden, meinen wir in der Regel den Teil, den wir sehen und mit dem wir interagieren können. Zuständig dafür sind Web-Designer und *Frontend*-Entwickler. Im Frontend wird sehr viel mit *HTML, CSS, JavaScript* und *jQuery* gearbeitet, um zum Beispiel ein Menü oder eine Navigationsleiste zu gestalten, Buttons an der richtigen Stelle zu platzieren oder coole Übergänge zwischen einzelnen Abschnitten einer Seite zu entwerfen.

Funktion | Die *Funktion* ist bei höheren Programmiersprachen im Grunde nur ein Werkzeug zur Strukturierung des Quelltextes, wenn es sich dabei auch um sehr komplexes Werkzeug handelt. Eine Funktion besteht aus eigenständigen Modulen von Code und übernimmt jeweils eine spezifische Aufgabe. Ist eine Funktion erst einmal geschrieben, kann sie immer wieder benutzt werden. Eine Funktion nimmt sich Daten, verarbeitet diese und gibt ein Resultat zurück. Viele Programmiersprachen haben bestimmte Funktionen bereits eingebaut, deren Konstruktion den Nutzer ansonsten Zeit kosten würde, wie zum Beispiel die Berechnung der Wurzel einer Zahl. Das ist übrigens auch einer der Gründe, warum wir Funktionen brauchen. Außerdem erlauben sie es uns, ein Programm als Anordnung von kleinen Schritten zu sehen. Das vereinfacht das Verständnis und vermeidet Verwirrung. Das ist eine simple Funktion:

```
var MachKrach = function() {
    console.log(„Kreisch!");
};
// Kreisch!
```

Aber wie funktioniert eine Funktion? Wird eine Funktion aufgerufen, »verlässt« das Programm die Stelle des Codes, an der es sich gerade befindet und beginnt die erste Zeile der Funktion auszuführen. Das passiert so rasend schnell, dass wir davon gar nichts mitbekommen. Alle Anweisungen innerhalb der Funktion werden dann Zeile für Zeile vom Programm abgearbeitet. Im Falle unseres Beispiels geht das sehr schnell: Das Programm gibt den String »Kreisch!« aus. Im Gegensatz zu Schleifen sollten Funktionen auf keinen Fall ineinander verschachtelt werden. Also immer schön eine Funktion nach der anderen. Am deutlichsten umgesetzt sind Funktionen übrigens in allen höheren Programmiersprachen, welche sich dem Paradigma des »Funktionalen Programmierens« verschrieben haben, wie zum Beispiel *Haskell.*

Grid | Beschäftigt man sich mit der Frontend-Entwicklung, stößt man auf früher oder später auf Grids. Der Begriff bedeutet so viel wie »Gestaltungsraster« und stammt aus der Grafik und Architektur. Ganz einfach ausgedrückt, sind Grids eine Struktur aus vertikalen und horizontalen Linien, die sich kreuzen. Die so genannten Grid-Layouts unterteilen eine Seite also in Raster und helfen so Inhalte zu konfigurieren. Man muss kein Grid-System benutzen, es ist aber vorteilhaft, wenn man in kurzer Zeit einen Prototypen aufsetzen will. Denn ein Grid-System ist bereits auf eine bestimmte Breite ausgelegt, in der Regel 960 Pixel, sowie in Spalten unterteilt. Die Anzahl und Größe der Spalten kann je nach Bedarf angepasst werden. Auf diese Weise erhält man ein solides Fundament. Es gibt verschiedene Grid-Systeme, das populärste ist *Bootstrap*.

Hater | verbreiten ihren Hass in öffentlichen Kommentarspalten und Foren. Im Gegensatz zu Trolls suchen sie nicht nach Aufmerksamkeit, sondern es geht primär um die Herabsetzung der anderen Person.

HTML (Hypertext Markup Language) | strukturiert Dokumente, vornehmlich Websites und ist damit das Fundament des World Wide Web. Mit Hilfe von Auszeichnungen verleihen wir mit *HTML* einem Text Struktur. Damit wir erkennen, was *HTML* und was Text ist, werden *HTML*-Elemente mit einem Starttag < und einem Endtag </ markiert.

```
<p>
    Hier steht Text, der zum Beispiel
    <em>kursiv</em> oder <b>fett</b> angezeigt
werden kann. Außerdem
    kann man den Text mit einem Absatz
    unterbrechen
</br>
    und an dieser Stelle fortsetzen.
    Damit es schöner ist, füge ich hier
    ein Bild <img src="Bildquelle.jpg"
    alt="Alternativer Text falls Bild
    nicht angezeigt wird"> ein
</p>
```

Wenn wir uns die *HTML*-Struktur einer Website anschauen, können wir eine bestimmte Struktur erkennen, die sich bei allen Seiten wiederholt:

```
<!DOCTYPE HTML PUBLIC "-//W3C//DTD HTML 4.01//EN"
"http://www.w3.org/TR/html4/strict.dtd">

    <html>
        <head>
            <title>Titel der Website</title>
            <!-- Kommentare sind für den Browser
            unsichtbar. -->
        </head>
    <body>
        <p>Inhalte, die wir auf der Website
        sehen können</p>
    </body>

    </html>
```

Das ist sozusagen das Skelett jeder Website. Das *HTML*-Gerüst hält die Struktur der Seite zusammen und ist nach außen nicht sichtbar. Das einzige, was wir auf einer Website vom oben abgebildeten Beispiel sehen werden, ist der Satz »Inhalte, die wir auf der Website sehen können«.

Kernel | Das niedrigste Level eines Betriebssystems. Wenn wir uns das gesamte Betriebssystem als einen Samen vorstellen, dann ist der *Kernel* das Korn und das, was wir als Nutzer tatsächlich sehen, ist lediglich die Schale, welche das Korn umgibt. Ein Kernel ist sozusagen der Automotor, ohne ihn startet das gesamte System nicht. Er legt zum Beispiel fest, welche Programme Zugang zu welchen Hardware-Ressourcen bekommen.

Kommentare | Wenn Ihr ein Stück Code mal genauer unter die Lupe nehmt, werdet Ihr mit hoher Wahrscheinlichkeit auf *Kommentare* stoßen. Diese sind im Gegensatz zu Code in menschlicher Sprache geschrieben und können deswegen nicht vom Computer verarbeitet werden. Sie sind also nur für menschliche Augen bestimmt.

So sehen beispielsweise Kommentare in *JavaScript* aus. Die doppelten Schrägstriche »//« sind das Signal für den Computer, dass alles dahinter für ihn nicht relevant ist.

```
for (var count = 0;   // Start = Ergebnis 0

       count < 10;    // Bedingung 2:
                      // Ergebnis < 10

     count += 1) {    // Bedingung 3:
                      // Erhöhe das Ergebnis um 1

console.log(count);   // Gebe das Ergebnis am
                      // Bildschirm aus

              }       // Und noch einmal von vorne!
```

So gut wie jede Programmiersprache gibt einem die Möglichkeit, einen Kommentar zu setzen. Deswegen ist bereits in jeder Sprache festgelegt, wie ein Kommentar beginnt und, ganz wichtig, wo er endet. Bei *JavaScript* zum Beispiel handelt es sich um so genannte Zeilenkommentare. Sie enden automatisch am Ende einer Zeile. Andere Sprachen haben Blockkommentare. Damit könnt Ihr über mehrere Zeilen hinweg kommentieren, denn der Kommentar ist erst zu Ende, wenn das mit einem bestimmten Zeichen signalisiert wird.

Das sieht dann so aus:

```
/**
 *Das ist die Kopfzeile eines fiktiven Programms
 *Es handelt sich um Version 1.1
 *Autorin ist Maria Mustermeier
 maria.mustermeier@gmail.com
 *Das war's!
**/
```

Kommentare sind also hilfreich, um Quelltext zu erläutern. Wann und wie Kommentare gesetzt werden sollen, darüber tobt ein dogmatischer Streit in der Programmierer-Community: Manche sagen, dass ein Kommentar zu Copyright-Zwecken in der Kopfzeile des Programms unverzichtbar ist. Hier sollten dann Name des Programmierers, Datum des letzten Updates, Infos zum verwendeten Algorithmus und, wenn bekannt, Hinweise auf mögliche Bugs stehen. Andere meinen, »Quatsch, ich brauche Kommentare vor allem, um bestimmte Zeilen von Code in meinem Programm zu Testzwecken auszukommentieren.« Auf die Weise lässt sich nämlich super debuggen. Ein Kommentar kann außerdem nützlich sein, wenn mehrere Entwickler zusammen an einem Projekt arbeiten. Falsch liegt keiner und alle haben recht. Die Hauptsache an Kommentaren ist, dass man sie nicht einsetzen sollte, um langatmig den eigenen Code zu erläutern. Simpler und gut strukturierter Code sollte sich stets ohne Kommentar selbst erklären. Stattdessen erklärt ein Kommentar besser das »Warum« und die Absicht hinter der eigenen Vorgehensweise. Dann kommt es nicht zu Verwirrungen, wenn einige Monate später Schönheitsfehler ausgemerzt werden sollen und man sich partout nicht mehr daran erinnern kann, warum man dachte, dass die Schleife in Zeile 46 eine gute Idee sei. Und denkt daran: Ein Kommentar soll kurz und knackig sein – niemand will hier einen Roman lesen!

Maschinensprache | Das ist die primitivste und für uns Menschen unverständlichste Programmiersprache. Hier wird direkt mit binären Zahlencodes programmiert. Programmieren war in den 1940er und 1950er Jahren ganz schön schwierig. Das fing schon damit an, dass Programme damals nicht auf Disketten oder CD-Roms gespeichert wurden. Nein, stattdessen gab es endlose Streifen, in die Löcher eingestanzt waren, die so genannten »Lochstreifen«. Ein Loch stand für 1, kein Loch für 0. Programmieren war damals also ziemlich mühselig. Die Maschinensprache ist eine Sprache der ersten Generation von Programmiersprachen, was nicht bedeutet, dass sie heute nicht mehr im Einsatz ist. Im Gegenteil: Besitzt ein Gerät einen Prozessor, sei es ein Smartphone, eine Waschmaschine, ein Computer oder ein Auto, dann wird auch Maschinensprache verwendet.

Noob | Internetslang für Anfänger oder Neuling, wird in manchen Kontexten als Beleidigung verwendet.

Open Source | bedeutet, dass Software einen frei zugänglichen Quelltext hat und die Lizenz es erlaubt, diesen zu verändern und die veränderte Version weiterzuverbreiten.

Die *Open Source*-Bewegung wird verständlicher, wenn man weiß, dass in den Anfangstagen des Computers Quelltexte frei und kostenlos waren. Damals wurde das Geld mit der Hardware, also dem Computer und seinem Zubehör verdient. Software galt lediglich als nettes Extra und wurde von den Benutzern selbst geschrieben und getauscht. Das alles änderte sich, als Mitte der 1970er Jahre ein eigener Markt für Software entstand. Unternehmen boten Software zum Kauf an und der Quelltext dieser Software wurde zum Betriebsgeheimnis. Schließlich wollte man sich ja nicht selbst ein Bein stellen. Geboren wurde *Open Source*, als das Unternehmen Netscape die als »Browser-Krieg« berühmt gewordene Auseinandersetzung mit *Microsoft* verlor. Als Folge dessen machte *Netscape* 1988 den Quelltext seines Internet-Browser für alle frei zugänglich. Ungefähr zur gleichen Zeit gründeten Eric Steven Raymond, Bruce Perens und Tim O'Reilly eine Gruppe von Programmierern, die sich der Kommerzialisierung ihrer Arbeit verweigerten, die *Open Source Initiative (OSI)* als Alternative zur bereits etwas länger existierenden »freien Software«. Die Anhänger von »Free Software« rücken den Aspekt der Freiheit in den Mittelpunkt, der bei *Open Source* zwar mitschwingt, aber nicht extra betont wird. Das englische »free« kann sowohl kostenlos, gratis als auch frei bedeuten. Deswegen bemüht sich die englischsprachige »Free Software«-Gemeinschaft, ihr Anliegen durch Aktionen wie einen Bierverkauf verständlicher zu machen: »Free as in freedom, not free as in free beer.« Die OSI definierte die Ziele von *Open Source* und zertifizierte Software-Lizenzen gemäß dieser Definition. Inzwischen hat sich *Open Source* zu einer globalen sozialen Bewegung entwickelt, die davon lebt, dass eine Gemeinschaft von Leuten mit viel Herzblut an diversen Projekten arbeitet. Zu den bekanntesten zählen *Wikipedia*, das Betriebssystem *Linux* und der Browser *Mozilla Firefox*.

Plugin | dient der Funktionserweiterung von Programmen oder Browsern. Die Softwaremodule können zum Beispiel dafür sorgen, dass Euch beim Surfen keine störende Werbung angezeigt wird, dass Ihr Videos auf *YouTube* schauen könnt oder Eurem Browser vorgespielt wird, dass Ihr Euch in einem anderen Land befindet, so dass Ihr beim Video-Streaming-Service *Netflix* die neusten US-amerikanischen Serien schauen könnt. Plugins werden meist kostenlos angeboten, das heißt, es ist wahrscheinlich, dass sich die meisten Anbieter über die Analyse und den Weiterverkauf Eurer Daten finanzieren.

Quelltext | auch Quellcode oder source code, ist ein in einer Programmiersprache geschriebener Text für ein Computerprogramm. Der Text ist für uns Menschen lesbar, aber nicht für den Computer. Der Quelltext wird mit Hilfe des Compilers in Maschinensprache übersetzt, so dass der Computer weiß, was er zu tun hat. Unten seht Ihr ein Beispiel für Quelltext: Eine *JavaScript*-Funktion, die zeitreisen kann! Wie Ihr erkennen könnt, gibt es eine Variable, eine Schleife und eine Befehlssequenz.

```
function GeburtstagsZeitMaschine
(person, AnzahlSprünge) {

    var NeuePerson = person;
    for (var n = 0; n < AnzahlSprünge; n += 1) {
        NeuePerson = geburtstagsZeitMaschine
        (NeuePerson);

        console.log("Gesprungen" +
        (n + 1) +
        "Anzahl, jetzt" +
        NeuePerson.Alter + "Jahre alt.");
        }
    return NeuePerson;
    }
```

Es gibt verschiedene Möglichkeiten, Quelltext zu erzeugen. Zu Beginn Eurer Programmierkarriere braucht Ihr noch keine komplexe Entwicklungsumgebung, ein einfacher Text-Editor reicht aus. Editoren, die speziell auf das Programmieren ausgerichtet sind, haben den Vorteil, dass die Syntax farbig hervorgehoben und der Text eingerückt wird. Das ist für die korrekte Ausführung eines

Programms nicht notwendig, aber es erleichtert die Übersicht-lichkeit und verhindert so Flüchtigkeitsfehler. Ihr könnt einen Quelltext aber auch direkt in einer Versionverwaltungs-Software schreiben, zum Beispiel bei *GitHub*.

Schleife (Loop) | ist eine Wiederholung von Anweisungen inner-halb eines Programms. Sie läuft so lange, bis eine bestimmte Bedingung eintritt. Angenommen, wir wollen ein Programm schreiben, das alle ungeraden Zahlen zwischen eins und 1.000 aufzählt. Eine Möglichkeit sieht so aus:

```
Konsole.meldet (1);
Konsole.meldet (3);
Konsole.meldet (5);
Konsole.meldet (7);
Konsole.meldet (9);
Konsole.meldet (11);
```

usw.

Das klappt, allerdings muss jede ungerade Zahl bis 1.000 manuell eingegeben werden. Das ist ganz schön viel Arbeit für ein simples Programm. Praktischer wäre es, wenn unser Programm wüsste, dass es bei eins mit dem Zählen anfangen und dann in jedem Schritt zwei dazu multiplizieren soll, so lange bis 1.000 erreicht sind. Genau diese Aufgabe übernimmt eine Schleife. Eine Schleife erlaubt uns, einen bestimmten Schritt in einem Programm mit nur wenigen Zeilen Code so oft wie wir möchten zu wiederholen. Richtig spannend wird es, wenn man mehrere Schleifen ineinander verschachtelt. In diesem Fall wird bei jedem Schritt der »äußeren« Schleife die »innere« Schleife vollkommen durchexerziert. Beim Programmieren unterscheidet man zwischen verschiedenen Schleifen. Eine ist der »for-loop«.

```
for (Hier stehen die Bedingungen der Schleife,
zum Beispiel x < 1000)
```

Je nach Programmiersprache kann die *for*-Schleife verschieden aussehen und ausgeführt werden, aber die enthaltenen Elemente sind immer ähnlich. Denn damit der Computer weiß, was er wann wie lange ausführen soll, muss man ihm Bedingungen setzen. Eben zum Beispiel, dass er bei 1.000 mit dem Zählen aufhört. Wenn die Schleife keine Bedingung enthält, sprechen wir von einer Endlosschleife. Die läuft und läuft, ohne abzubrechen und führt in der Regel dazu, dass der Computer oder Browser sich aufhängt. Eine andere Form der Schleife ist der »do-while-loop«.

```
while (Bedingung) do (Befehl)
```

Auch hierbei handelt es sich um eine Kontrollstruktur. Das Schlüsselwort »while« leitet die Schleife ein, während der »do«-Part dem Computer sagt, was zu tun ist.

Server | Im Grunde ist ein Server ein Computer, der niemals ausgeht und 24 Stunden, sieben Tage, 365 Tage im Jahr immer angeschaltet ist. Nur deswegen können wir betrunken nachts um vier auf einer WG-Party nach Ace of Base-Videos bei *YouTube* suchen. Wenn wir von Servern reden, haben wir vermutlich Hardware vor Augen, irgendwas Computerähnliches mit vielen bunten Lämpchen, die wichtig blinken. Tatsächlich bezeichnet der Begriff Server (wortwörtlich übersetzt »Kellner«) aber vielmehr ein Programm, das auf einem Computer, dem »Host«, läuft und einen gewissen Service anbietet. Ein Kunde (»client«), in diesem Fall keine Person, sondern ein anderes Programm, kann den Service nutzen. Das kann zum Beispiel ein Mailserver sein, von dem wir mit Hilfe des Clients unsere Mails abrufen. Die wenigsten Menschen haben einen Server in ihrem Haus. Und auch viele kleine Unternehmen besitzen keinen eigenen Server. Stattdessen zahlen sie monatlich eine bestimmte Gebühr an eine so genannte »Server Farm«. Das ist ein gesicherter Ort mit einer mächtigen Klimaanlage, denn mit so vielen Computer auf einem Haufen geht es heiß her. Hier lagern übereinander gestapelt hunderte von Rechnern. Ihr könnt Euch also einen eigenen Server mieten, unabhängig davon, dass der Server auf einer Farm in Malaysia steht.

String | (übersetzt in etwa Zeichenkette) ist einer der grundlegenden Datentypen beim Programmieren. *Strings* braucht man, weil ein Programm Sätze oder Texte nicht versteht. Es nimmt zum Beispiel keine Rücksicht auf Leerzeichen, die aber natürlich für die Lesbarkeit von Texten wichtig sind. Ein Text, der als Text (und nicht als Befehl) verstanden werden soll, muss darum markiert werden. Deswegen wird ein String in allen Programmiersprachen feinsäuberlich mit Anführungszeichen zu Beginn und Ende gekennzeichnet:

```
String text1 = "Das ist ein String in Java";
$text = "Auch in PHP gibt es Strings";
console.log("So sieht ein String in JavaScript
aus")
```

Strings kommen zum Beispiel dann zum Einsatz, wenn dem Spieler in einem Computerspiel durch Textausgabe Hinweise zur nächsten Mission übermittelt werden sollen. Oder in einem Programm, wenn Fehlermeldungen an den Benutzer ausgegeben werden sollen. Die Strings mit den passenden Sätzen werden dazu an entsprechender Stelle im Quelltext platziert und mit dem jeweiligen Befehl der Programmiersprache zur Ausgabe gekennzeichnet. Anders sieht die Sache bei Zahlen aus: Die kann man ohne Rücksicht auf Anführungszeichen eingeben.

Template | Mittlerweile bieten viele Blog-Plattformen wie zum Beispiel *Wordpress* oder *Blogspot* fertig gestaltete Vorlagen an, mit denen ein Blog im Handumdrehen schick aussieht. Das einzige, was man noch einsetzen muss, sind Inhalte wie der Name des Blogs und, ganz wichtig, Artikel. Frameworks oder Anwendungen wie *Canva* bieten nach dem gleichen Prinzip bereits vorgefertigte Code- oder Grafikschablonen an. Das erspart viel Arbeit, dafür fehlt der Lerneffekt.

Troll | Ihr natürlicher Lebensraum sind die Kommentarspalten und Foren des Internets, ihr Ziel ist es, Autoren, Forennutzer und Leser von Onlinemedien zu verärgern. Trolls schreiben besonders aktiv Kommentare und Beleidigungen, die jedoch nicht der inhaltlichen Diskussion oder Problemlösung dienen, sondern einzig und allein Frustration auf Seiten der restlichen Diskussionsteilnehmer provozieren sollen.

Variable | ist ein Umschlag oder Behälter, in dem Informationen aufbewahrt werden. Der Name auf dem Umschlag verrät uns, welche Informationen sich darin verbergen. Er sollte außerdem sinnvoll sein und Hinweise auf die enthaltenen Informationen geben.

Theoretisch können wir eine Variable

```
var EinhornAlarm666 = 0,5
```

nennen, aber wenn diese Variable die Zinsen eines Bankkontos angibt, ist der Name

```
var Natalie_KontoZins = 0,5
```

treffender.

Deswegen benötigt jede Variable einen einzigartigen Namen, denn wenn mehrere Variablen den gleichen Namen tragen, weiß der Computer nicht, welche Information er aufrufen soll. Der Name kommt übrigens nicht von ungefähr. Der repräsentierte Wert einer Variablen kann verändert werden, er ist also variabel:

```
var Wetter =    "sonnig";
                console.log(Wetter);
                // → sonnig
                Wetter = "regnerisch";
                console.log(Wetter);
                // → regnerisch
```

Verbunden mit Variablen sind unterschiedliche Datentypen, zum Beispiel Werte (values), Namen (names) oder Typen (types). Und was genau kann man mit einer Variablen anstellen?

1.) Man kann eine erstellen. Denkt dran, einen hübschen Namen auszuwählen! Wie wär's mit

```
var NullEins ?
```

2.) Man kann Informationen in einer Variablen »aufbewahren«. Das geschieht mit Hilfe des =-Operators.

```
var NullEins = 010101
```

3.) Man kann eine Kopie benutzen. Einfach den Namen einer Variablen eintippen und der Computer erledigt den Rest!

```
NullEins + 2
// 010103
```

Webbrowser | Ein Webbrowser ist ein Programm, das Websites anzeigt, also *HTML-* und *CSS*-Dokumente, mittlerweile auch *PDF*-Dateien und Bildern. Ihr verwendet vermutlich einen der folgenden Browser: *Google Chrome, Mozilla Firefox, Microsoft Internet Explorer Edge* oder vielleicht einen Exoten wie *Opera*. Die Wahl des Browsers hängt vor allem vom eigenen Geschmack und den Voreinstellungen auf dem Computer ab. Auf *Windows*-Rechnern ist zum Beispiel standardmäßig der *Internet Explorer* oder neuerdings *Edge* installiert. Browser lassen sich durch Privatsphäre-Einstellungen, Plugins und verschiedene optische Gestaltungsmöglichkeiten an die individuellen Bedürfnisse der Nutzer anpassen. Probleme für Anbieter von Websites bereiten oft ältere Browser-Versionen, da sie teilweise nicht in der Lage sind, neue Codes oder Dateiformate wiederzugeben und so für Nutzer anders aussehen können als ursprünglich geplant. Es gibt auch Offline-Browser, die zum Anzeigen lokaler Daten genutzt werden. Im alltäglichen Sprachgebrauch ist jedoch meist die Onlineversion gemeint.

Die größten Hits der Programmiersprachen

1. *Assembly*: Die maschinennahe Sprache ist unter anderem für den Mega-Hit unter den Computerspielen *Pac Man* verantwortlich.

2. **C**: Die älteste Programmiersprache, die noch regelmäßig im Gebrauch ist. Der Oldie mit Charme ist Dauerbrenner bei Betriebs- und Anwendungssystemen wie *Unix*, *Linux Kernel*, *Python*, *Perl* oder *PHP*.

3. **C#** (Sprich *C Sharp*): Vom Giganten *Microsoft* entwickelt, also untrennbar mit *Windows* verbunden, wird aber auch bei *Google Chrome* oder sogar bei der Software des F-35 Kampfjets angewendet.

4. **Python**: Klassenliebling, dem jeder vertraut, so beispielsweise auch *Instagram*, *Pinterest*, *Spotify* und *YouTube*.

5. **PHP**: Ungeliebter Stiefbruder, der dafür aber überraschend oft gefunden werden kann, so zum Beispiel bei *Facebook*, *Wikipedia* und *Wordpress*.

6. **Perl**: Schon allein deswegen hip, weil bei der gif-Schleuder *Buzzfeed* in Gebrauch. Diese Programmiersprache sorgt dafür, dass all die Katzenbilder auf unsere Bildschirme kommen.

7. **Java**: Die Programmiersprache drei ganz großer Riesen im Netz: *Amazon*, *Google* und *Ebay*.

8. **Ruby**: Hat definitiv das niedlichste Logo und ist bei *Twitter* und *GitHub* im Einsatz.

Leseempfehlungen

Wenn Euch nach der Lektüre dieses Buches die Neugier gepackt hat und Ihr Euch weiter zu verschiedenen Facetten des Codens belesen möchtet, legen wir Euch die folgenden Bücher und Links wärmstens ans Herz. Einerseits steht natürlich viel online, aber gedruckte Schmankerl finden sich ebenso, so dass Ihr auch am Strand oder in der Badewanne inspirierende Biografien von Programmierlegenden oder horizonterweiternde Betrachtungen über die Digitalisierung der Gesellschaft lesen könnt.

Bücher

Geschichte und Gesellschaft

George Dyson, *Turings Kathedrale: Die Ursprünge des digitalen Zeitalters,* Propyläen, *2014.*
Der Titel täuscht etwas, denn hier geht es nicht primär um den Programmierer Alan Turing, sondern um die Entwicklung eines frei programmierbaren Digitalcomputers in den USA der 1940er Jahre. Der Computer entstand aus einer Kollaboration von Wissenschaftlern wie dem Mathematiker John von Neumann sowie Turing. Spannender Einblick in die ersten Jahre des digitalen Zeitalters.

Paul E. Ceruzzi, *Computing: A concise history, MIT Press, 2012.*
Bislang nur auf Englisch erschienen. Gibt es auch als Hörbuch! Grundlagenwissen über die Geschichte von Hard- und Software von den ersten Wahlautomaten bis zur Etablierung des Silicon Valley.

Charles Petzold, *Code: The hidden language of computer hardware and software, Microsoft Press, 1999.*
Eine umfassende Beschäftigung mit dem Themengebiet Code, von Morsecode, über Braille bis zum Computercode. Sehr empfehlenswert für ein besseres Verständnis der Geschichte, Funktion und Anwendung von Codes in unserer Welt.

Evgeny Morozov, *Smarte neue Welt: Digitale Technik und die Freiheit des Menschen, Blessing, 2013.*

Morozov ist einer der derzeit bekanntesten Vordenker des technischen Wandels und dessen Auswirkungen auf die Gesellschaft. Der weißrussische Publizist polarisiert und liefert interessante Denkanstöße auf die Fragen, was wir mit der Technik machen und die Technik mit uns.

Mercedes Bunz, *Die stille Revolution: Wie Algorithmen Wissen, Arbeit, Öffentlichkeit und Politik verändern, ohne dabei viel Lärm zu machen, Suhrkamp, 2012.*

Kulturwissenschaftliche Betrachtung von Algorithmen, der Digitalisierung und den neuen Kommunikationskanälen sowie ihrem Einfluss auf unser (Arbeits-)Leben.

Steven Levy, *Google Inside. Wie Google denkt, arbeitet und unser Leben verändert, mitp, 2012.*

Steven Levy betrachtet Tech-Phänomene aus einer gesellschaftspolitischen Perspektive und bringt dem Leser nahe, was *Google* mit unserem Leben zu tun hat.

Steven Levy, *Hackers. Heroes of the Computer Revolution, Penguin Books, 1984.*

Nur auf Englisch erhältlich. Levy portraitiert die Hackerkultur in all ihren Facetten und zeigt den Einfluss dieser Subkultur, ihre geschichtliche Entwicklung und gesellschaftliche Relevanz auf.

Laurie Penny, *Unsagbare Dinge. Sex, Lügen und Revolution, Nautilus Flugschrift, 2015.*

Eine aufwühlende und nachdenklich stimmende Streitschrift über die negativen Erscheinungen der Digitalisierung. Trolls, Hater und anonyme Leserbriefschreiber bekommen ihr Fett weg. Penny untersucht die Ursprünge des Internethasses und warum er bevorzugt auf Frauen gerichtet wird.

Mizuko Ito u.a., *Hanging out, messing around, and geeking out: kids living and learning with New Media, MIT Press, 2010.*

Kinder heutzutage … Mizuko Ito, danah boyd und andere Wissenschaftler beleuchten in diesem (auch online frei verfügbaren) Werk den Medienalltag, das digitale Lernen und die kreative Betätigung von Kindern und Jugendlichen. Zwar stammen die Forschungsergebnisse noch aus einer Zeit ohne Smartphones, das Buch bietet aber nach wie vor aktuelle Betrachtungen über den Mediengebrauch von Jugendlichen.

Biografien

Kurt W. Beyer, *Grace Hopper and the invention of the Information Age,* *MIT Press, 2009.*
Eine Biografie über Grace Hopper und ihren nicht immer einfachen Weg als eine der ersten Programmiererinnen in einem männerdominierten Berufsfeld. Das Buch macht ihren noch heute erkennbaren Einfluss deutlich.

Jean Jennings Bartik, *Pioneer Programmer: Jean Jennings Bartik and the computer that changed the world,* *Truman State University Press, 2013.*
Die Autobiografie des ENIAC-Girls ist ein wichtiges Zeitdokument und hält das Wirken der schon fast vergessenen Programmierpionierin und ihrer Kolleginnen für die Nachwelt fest.

Andrew Hodges, *Alan Turing. The Enigma, Burnett Books, 1983.*
Ein guter Einblick in das Leben und Wirken Alan Turings und in seine Decodierung der Enigma-Verschlüsselungsmaschine.

Betty A. Toole (Hg.), *Ada, the Enchantress of Numbers: A selection from the letters of Lord Byron's daughter and her description of the first Computer, Critical Connection, 2005.*
Nur auf Englisch erhältlich. Eine unterhaltsame und mit Liebe zum Detail verfasste Biografie, die sowohl Ada Lovelace, die Programmierpionierin des 19. Jahrhunderts, als auch Ada Lovelace, die Lebedame, lebendig werden lässt.

Programmieren lernen

Marijn Haverbeke, *Eloquent JavaScript, No Starch Press, 2014.*
Englischsprachig, gibt es auch kostenlos auf:
http://eloquentjavascript.net/
Eine fundierte Einführung in JavaScript, die anschaulich theoretische Kenntnisse, praxisnahe Beispiele und lehrreiche Übungen verknüpft. Auch für ambitionierte Anfänger empfehlenswert.

Programmieren supereasy, Einfacher Einstieg in Scratch und Python, Dorling & Kindersley, 2015.
Scratch und Python sind super für kleine und große Programmieranfänger geeignet und versprechen schnelle Erfolgserlebnisse. Dieses Buch gestaltet den Start in die Welt des Programmierens abwechslungsreich und motivierend.

Linda Liukas, *Hello Ruby. Adventures in coding, Feiwel & Friends, 2015.*
Nachdem Linda Liukas mit den Rails Girls schon die Twentysomethings überzeugt hat, dass die Sprache Ruby on Rails cool und lernenswert ist, erschien im

vergangenen Jahr das Kinderbuch »Hello Ruby«, in dem die Leser mit Protagonistin Ruby und ihren Freunden Rätsel lösen und nebenbei Grundkonzepte des Programmierens erlernen.

Warren Sande, *Hello World! Programmieren für Kids und andere Anfänger, Carl Hanser Verlag, 2014.*
Für Nachwuchs-Adas und -Steves eine kindgerechte Einführung, die auch Erwachsenen zum Einstieg oder bei der Auffrischung von Wissen helfen kann.

Wallace Wang, *Beginning programming for Dummies, John Wiley & Sons, 2008.*
Programmier-Einsteiger-Ratgeber mit Praxiselementen aus der populären »Dummies«-Reihe. Der Titel sollte jedoch nicht trügen, das Buch ist sehr umfangreich und geht viel mehr in die Tiefe als andere Einsteigerbücher.

Kathrin Passig, *Weniger schlecht programmieren, O'Reilly, 2013.*
Wie der Titel schon sagt: Dieses Buch veranschaulicht mit Kathrin Passigs typisch sprödem Humor alle möglichen Fehlerquellen, an denen Programmieramateure verzweifeln können und liefert gleich die Lösung, wie das nächste Hobbyprojekt besser gelingen kann.

CryptoParty-Handbuch
Diese 400 Seiten-starke Bibel der Datenverschlüsselung könnt Ihr als Einführung in den selbständigen Datenschutz lesen. Noch besser: Ihr veranstaltet mit Hilfe dieses Handbuchs gleich Eure eigene Crypto-Party.
http://www.hostb.org/97/download

Links

Wissen

What Is Code?
Großartige Einführung in alles, was man schon immer über Code wissen wollte, aber nie verstanden hat. So umfangreich wie ein Buch, mit hilfreichen interaktiven Illustration. Die Mammut-Lektüre lohnt sich, danach versteht man Computer viel besser.
www.bloomberg.com/graphics/201(fünf)-paul-ford-

Wikipedia
Ja, wir wissen alle, dass *Wikipedia* keine vertrauenswürdige Quelle ist. Wir empfehlen trotzdem mit gutem Gewissen die Tech-Themen der Online-Enzyklopädie. Besonders aufschlussreich: Der Artikel »Software development process«.

Ethan Marcotte: Responsive Webdesign

Ethan Marcottes Artikel ist schon einige Jahre alt, aber ein Meilenstein der Webdesign-Historie, denn er warf ein neues Licht auf die Möglichkeiten der Webgestaltung und erörterte, welche Vorteile das Netz im Gegensatz zu anderen Medien bietet und wie diese besser genutzt werden können.

http://alistapart.com/article/responsive-web-design

BBC: How the world came to be run by computer code

Sehr umfassender und hervorragend multimedial aufbereiteter historischer Überblick über den Siegeszug der Computer von der Erfindung des Binärsystems bis zur Entwicklung mobiler Apps.

http://www.bbc.co.uk/timelines/zxsrcdm

Bundeszentrale für politische Bildung

Sehr gute und kritische Dossiers zu den Themen Open Source und Datensicherheit.

http://www.bpb.de/gesellschaft/medien

Code O'Clock

Interessanter Blick hinter die Kulissen eines erfolgreichen Internet-Startups. Der Blog des Entwicklerteams, das für den Online-Kreativmarkt DaWanda verantwortlich ist, verrät hier, wie Ideen vom Kopf aufs Papier und dann ins Netz kommen.

http://www.codeoclock.com/

How the Internet works

Hübsch animiertes Erklärvideo zur Funktionsweise des Internets.

https://www.youtube.com/watch?v=7_LPdttKXPc

Noobcore

Informativer Podcast, der sich den wichtigen Fragen widmet, zum Beispiel: Was ist das Internet? oder Was ist ein Computer?

http://www.n00bcore.de

CRE

Abwechslungsreicher Podcast zu Themen an der Schnittstelle von Technik, Kultur und Gesellschaft, zum Beispiel zur Darstellung von Hackern im Film oder künstlicher Intelligenz.

http://cre.fm

Brainfaqk

Liebevoll illustrierte YouTube-Erklär-Videos. Vor allem für ein besseres Verständnis der Computer-Hardware empfehlen wir die Videostrecke »Wie funktioniert ein Computer?«.

https://www.youtube.com/user/brainfaqk

Communities

Codegirls.de

Ein bisschen Schleichwerbung ☺
Hier könnt Ihr Euch über unsere
neusten Workshops und Vorträge
informieren und unseren mit Liebe
zusammengestellten Newsletter bestellen.

Open Tech School

Internationales Netzwerk, das Tech-
Workshops mit niedrigen Zugangsbarrieren ermöglicht. Überblick über
aktuelle Veranstaltungen unter:
http://www.opentechschool.org/

Webgrrls.de

Der in mehreren deutschen Städten
tätige Verein unterstützt Frauen, die
mit neuen Medien arbeiten, durch
Netzwerktreffen, Workshops und
eine Online-Stellenbörse.
http://www.webgrrls.de/

CryptoParty

Informationen zu CryptoParties,
Veranstaltungshinweise und Ressourcen für die Organisation eigener
Workshops.
https://www.cryptoparty.in/

Railsgirls.com

Die *Rails Girls* veranstalten seit 2010
Workshops für die Programmiersprache *Ruby on Rails*. Ausgehend
von Finnland verbreitete sich das
Konzept auf der ganzen Welt und
bietet Anfängerinnen einen schnellen Einstieg in die Grundprinzipien
des Programmierens.

GitHub

Der soziale Place to be für alle Coder
und die, die es werden wollen. Teilt
Eure Projekte, arbeitet mit anderen
zusammen und holt Euch Inspira-
tionen von Euren Programmierer-
vorbildern.
https://github.com/

Chaos Computer Club

Europas größte Hackervereinigung
bietet stets eine kritische Stimme,
Informationen und Veranstaltungen
zu netzpolitischen Themen.
https://www.ccc.de/

Jugend hackt

Für den Nachwuchs: Hackathons
und Wettbewerbe in verschiedenen
deutschen Städten.
http://jugendhackt.de/

Nachrichten

Wired

Multimedial aufbereitete und gewis-
senhaft recherchierte News und
Reportagen für die Tech-Community.
http://www.wired.com/

Reddit/r/programming

Im schier unendlichen Universum
der Reddit-Subverzeichnisse sticht

das Forum zum Programmieren mit Neuigkeiten, Diskussionen und interessanten Links heraus.

https://www.reddit.com/r/ programming

Hacker-News
Neuigkeiten zu Datensicherheit, Kriminalfällen im Cyberspace und geglückten Leaks.

http://thehackernews.com/

Anleitungen und Kurse
(Siehe auch Kapitel 4)

Surveillance Self-Defense
Links und Anleitungen zum sicheren und privateren Surfen, u.a. zur Benutzung eines Passwortmanagers.

https://ssd.eff.org/

Stackoverflow.com, selfhtml.org, w3schools.com
Die ersten Anlaufstellen und Erste-Hilfe-Stationen für alle Fragen und Probleme rund ums Programmieren und um das Webdesign.

SonicPi
Beats programmieren und gleichzeitig Coden lernen? Sonic Pi macht es möglich und gleichzeitig noch wahnsinnig Spaß.

http://sonic-pi.net/

Mozilla Thimble
Lustige und leicht umsetzbare Web-projekte (zum Beispiel ein Generator, der sich Ausreden für vergessene Hausaufgaben ausdenkt), bei denen spielerisch und an konkreten Beispielen vor allem *HTML/ CSS*-Kenntnisse vermittelt werden. Alles, was man braucht, ist ein Webbrowser.

https://thimble.mozilla.org/

Fiona lernt programmieren
Begleitet in diesem Blog die Berliner Ethnologie-Studentin Fiona auf ihrem Weg zur Programmiererin.

https://fionalerntprogrammieren. wordpress.com/

Elmastudio
Ein Liebling der *Wordpress*-Blogger und Designer. Ellen Bauer und Manuel Esposito gestalten nicht nur hübsche und erschwingliche *Wordpress*-Designs, sondern geben in ihrem Blog hilfreiche Tipps zur Arbeit mit der Content Management Software.

http://www.elmastudio.de

Code in Film & Fernsehen:

Eine kleine Auswahl und prima Serienfutter für faule Sonntage auf dem Sofa.

»Hackers – Im Netz des FBI«,
Regie Iain Softley, USA, 1995
Kunterbuntes Spektakel mit Techno-Hacker, das die Naivität und Begeisterung für digitale Technologien in den 1990er Jahren widerspiegelt.

»eXistenz«,
Regie David Cronenberg, USA, 1999
Ähnlich wie später bei Matrix dreht sich der Film um virtuelle Realitäten und die Frage »Was ist real?«. Nicht unbedingt realistisch, aber sehr spannend.

»Halt and catch fire«,
Produktionsfirma AMC Studios, USA, Staffel 1-3, 2014ff.
Eine Serie über den Boom der Personal Computer in den frühen 1980er Jahren. Die erste Staffel zog sich trotz toller Schauspieler manchmal unangenehm in die Länge, die zweite nimmt deutlich mehr an Fahrt auf.

»Matrix I«,
Regie Andy Wachowski, Lana Wachowski, USA, 1999
Ledermäntel und Sonnenbrillen war der Hacker-Look in diesem Streifen. Außerdem haben wir seitdem nie wieder ein Déjà-vu gehabt, ohne an die Matrix zu denken. Für uns der einzige Matrix-Film, der zählt, den beiden Nachfolgern fehlt es einfach an Charme.

»Mr. Robot«,
Produktionsfirma Universal Cable Productions, Staffel 1, USA, 2015f.
Eine realistischere Darstellung vom Programmieren gab es bislang nicht auf dem Bildschirm. Dazu kommt noch eine extrem spannende Geschichte und exzellente Inszenierung – eindeutig unser Liebling, wir fiebern schon der zweiten Staffel entgegen.

»Ex Machina«,
Regie Alex Garland, GB, 2015
Was passiert, wenn es uns erfolgreich gelingt, künstliche Intelligenz zu erschaffen? Der Film geht dieser Frage nach und dabei unter die Haut. Lässt einen auf jeden Fall nachdenklich zurück.

»Minority Report«,
Regie Steven Spielberg, USA, 2002
Von Tom Cruise kann man halten, was man will, dieser Film lohnt sich: Die dystopische Zukunftsvision fühlt sich auch 2016 noch futuristisch an. Der Film präsentiert glaubwürdige Zukunftsvisionen von Alltag und seinen Gebrauchsgegenständen, die in der ein oder anderen Form sogar bereits Realität geworden sind.

»Blackhat«,
Regie Michael Mann, USA, 2015
Ein eher mittelmäßiger Hacker-Thriller, der aber den technischen Prozess des Hackens, und was dabei auf der Festplatte des Computers passiert, schön umgesetzt hat.

»Staatsfeind Nr. 1«,
Regie Tony Scott, USA, 1998
Lange vor Edward Snowden baut die NSA in diesem Actionfilm ganz schön Mist. Will Smith wird ins Visier genommen und es soll ein schärferes Überwachungsgesetz durchgesetzt werden. Die Prämisse des Films ist heutzutage aktueller denn je.

»23 – Nichts ist so wie es scheint«,
Regie Hans-Christian Schmid, DE, 1998
Ein Film für alle Fans von Verschwörungstheorien und den Illuminati. Beruht auf der wahren Geschichte um den deutschen Hacker Karl Koch, der Daten an den KGB verkaufte.

»Tron«,
Regie Steven Lisberger, USA, 1982
Ein cineastischer Meilenstein, was die Darstellung digitaler Technologie im Film angeht. Die Handlung kommt einem heutzutage ziemlich naiv vor, trotzdem genießt das Werk wegen seiner visuellen Brillanz absoluten Kultstatus.

»Silicon Valley«,
Produktionsfirma 3 Arts Entertainment u.a., USA, Staffel 1-3, 2014ff.
Eine Wohngemeinschaft voller Nerds, die ein Start-up in Silicon Valley gründet und dabei ziemlich planlos ist – da sind Pannen vorprogrammiert. Die Serie bringt das Phänomen der »Start-up Kultur« gekonnt auf den Punkt und die Zuschauer zum Lachen.

»WarGames«,
Regie John Badham, USA, 1983
Ein minderjähriger Hacker, der aus Versehen fast einen nuklearen Krieg startet, weil er glaubt, es handele sich um ein Computerspiel – das bringt die gesellschaftlichen Ängste der 1980er gut auf den Punkt. Wappnet Euch für 8-Bit-Musik und viele Disketten!

»Verblendung«,
Regie Niels Arden Oplev, DK/SE, 2009 (»Verdammnis«, Regie Daniel Alfredson, DK/SE, 2009, »Vergebung«, Regie Daniel Alfredson, DK/SE, 2009)
Die Filme der »Millenium-Trilogie« nach den Büchern von Stieg Larsson sind düster und grausam – und eine kleine Sensation. Denn die Hackerin Lisbeth Salander ist ohne Zweifel einer der faszinierendsten Charaktere der Reihe, was selten ist in einem Genre, in dem diese Rollen meist mit Männern besetzt werden.

Danksagung

Wir möchten insbesondere Lucas Stadler danken, über den ganz sicher einmal Biografien geschrieben werden, für seine Geduld und sein bewundernswertes Engagement.

Wir danken außerdem Johanna Faulstich und den *Code Girls* für's Mut machen, Unterstützen und die offenen Ohren, Benjamin Knofe und René Zschoch für geduldiges Fragen beantworten, Theresa Heilmann, die das Buch in Gang gebracht und Annika Bach, die es lektoriert hat.

Natalie: Danke natürlich an meine größten Fans, meine Eltern. Ihr seid super! Danke auch an Lene Benz für den gemütlichsten Sessel der Welt, in dem ich so produktiv arbeiten konnte. Aline Braun und Maria L. Felixmüller, vielen Dank für's Zuhören, Dasein und all die Unterstützung – ohne Euch wäre ich nicht hier. Und natürlich danke an Julia Hoffmann – Du bist die beste Co-Autorin, die ich mir wünschen kann.

Julia bedankt sich bei ihren Eltern Simone und Thomas Hoffmann für ihre Unterstützung in allen Lebenslagen und -phasen, auch bei diversen »Spinnefips-Ideen«, bei Anton, der viele Prokrastinationsmomente mit peruanischem Kaffee und Quizkarten verschönert hat und bei Natalie Sontopski, weil sie ihre großartigen Ideen mit mir teilt.